Religión católica

5 PRIMARIA

Santillana

El libro **Religión católica** de quinto curso, junto con el material para el profesor, forma parte del proyecto de Santillana para tercer ciclo de Educación Primaria y ha sido aprobado por la Comisión Episcopal de Enseñanza y Catequesis con fecha 25 de mayo de 2009.

El libro **Religión católica 5**, para quinto curso de Educación Primaria, es una obra colectiva concebida, creada y realizada en el Departamento de Primaria de Ediciones Grazalema, S. L., bajo la dirección de Maite López-Sáez.

Proyecto didáctico: José Luis Alzu

Texto: Fernando Cordero, María Ortega, Carmen Pellicer, Juan Ramón Pinal y Martín Varela

Colaboración: Marta Huelva

Revisión: Julián Abad

Ilustración:
Unidades: Esperanza Martínez
Tiempo de lectura: Avi

Edición: M.ª Carmen Ríos

Las actividades de este libro deben ser realizadas por el alumno en un cuaderno. En ningún caso deben realizarse en el mismo libro.

Las actividades que requieren el uso de Internet deben realizarse siempre bajo la supervisión de un adulto.

Presentación

Los autores, creyentes y seguidores de Jesús de Nazaret, con una pertenencia gozosa y activa a la Iglesia, queremos acercar a los alumnos y alumnas de 5.° y 6.° de Primaria el contenido de la fe católica de una manera pedagógica, atractiva y fiel al Magisterio. Para ello, contamos con nuestra experiencia docente y pastoral, y sobre todo con nuestro entusiasmo por transmitir el amor de Dios.

En este proyecto hemos diseñado unas unidades didácticas muy completas y variadas en cuanto a elementos y planteamiento, con el fin de motivar a los alumnos y de transmitirles la buena noticia. Las unidades están organizadas del siguiente modo:

- **Apertura.** Partimos de una situación inicial cuyo objetivo es introducir el tema de la unidad de una manera amable y atractiva, así como activar las ideas y conocimientos previos de los alumnos.
- **Leemos la Biblia.** Son textos y pasajes de la Biblia, tanto del Antiguo como del Nuevo Testamento, que constituyen el fundamento de la doctrina. Es la Palabra de Dios la que en todo momento orienta el contenido del tema.
- **Conocemos nuestra fe.** En esta sección se desarrollan de un modo conciso y muy claro los contenidos esenciales de la unidad, acompañados de una sugerente ilustración e imágenes de importantes obras del arte sacro.
- **Reportaje.** Estas páginas, que hacen más vivo y actual el mensaje, permiten conocer las manifestaciones de la vida cristiana en el acontecer diario, en la historia y en el arte, así como entrar en contacto con algunos aspectos de otras grandes religiones.
- **Actividades finales.** Esta sección tiene varias vertientes: por un lado, la formación personal de los alumnos, en el sentido de que creer en Jesús implica asumir personalmente su estilo de vida y, por otro, la moral social y los derechos humanos.

A lo largo del libro se plantean también varios **talleres** que, de un modo ágil y ameno, nos permiten adentrarnos en aspectos culturales de la Religión católica y conocer las religiones más importantes de la Antigüedad y del mundo actual.

Todas las secciones incluyen actividades muy variadas que, junto con las propuestas de la guía didáctica y los recursos para el aula –murales, CD de audiciones, banco de imágenes, fichas fotocopiables...–, enriquecerán la tarea docente y facilitarán el proceso de enseñanza-aprendizaje.

Nuestra pretensión es que los alumnos aprendan, se entusiasmen y se conviertan en buenos seguidores de Jesús de Nazaret. Ojalá hayamos acertado.

Los autores

Índice

MAPA DE CONTENIDOS

CONOCEMOS NUESTRA FE	REPORTAJE	ACTIVIDADES FINALES Y COMPETENCIAS BÁSICAS
• Preguntas sobre la vida • Diferentes respuestas • La respuesta de la religión	• Mitos sobre la creación • La creación según Miguel Ángel • El libro del Génesis • El número 7 en la Biblia	**Compromiso:** San Francisco Javier, un mensajero de la fraternidad **Mi carpeta:** Una colección de fotos
• ¿Cómo conocemos a Jesús? • ¿Qué sabemos de Jesús? • ¿Qué pensaban de Jesús las personas de su época?	• El rostro de Jesús en la pintura • El país de Jesús • El árbol de Jesé	**Compromiso:** El padre Kolbe, una entrega total **Mi carpeta:** El análisis de una pintura
• Jesús, el Maestro • Las bienaventuranzas y el reino de Dios • Otras enseñanzas de Jesús	• Las enseñanzas de Jesús en la Literatura • Jesús en el Corán • La sinagoga y el estudio de la Biblia	**Compromiso:** Una verdadera felicidad **Mi carpeta:** Un reportaje periodístico
• María en el Evangelio • Dios eligió a María como madre de Jesús • Así es María	• María en las fiestas de la Iglesia • Los santuarios marianos • El nombre de María • La mujer judía	**Compromiso:** Eleanor Roosevelt, una mujer luchadora **Mi carpeta:** Un mural sobre el *Magnificat*
• La Iglesia es obra de Jesús • La misión de los apóstoles • La expansión de la Iglesia	• Los primeros tiempos de la Iglesia • El Imperio romano • Las catacumbas • La comunidad de Antioquía	**Compromiso:** Pablo VI y Atenágoras, una reconciliación deseada **Mi carpeta:** Una carta a san Pablo
• La Iglesia hace presente la acción salvadora de Jesús • La organización de la Iglesia • La Iglesia al servicio de la humanidad	• Iglesias de diferentes épocas y estilos • Elementos artísticos de un templo • Hospitales benéficos	**Compromiso:** Un joven comprometido **Mi carpeta:** El plano de una iglesia
• El sacramento de la eucaristía • El rito de la eucaristía • El sacramento del matrimonio • El rito del matrimonio	• El matrimonio en diferentes culturas • Las alianzas y las arras • *Fractio panis* • Un encuentro de paz	**Compromiso:** Uno más en la familia **Mi carpeta:** El proyecto de una fiesta
• El conocimiento del bien y el mal • La conciencia • Buscamos la verdad	• El bien y el mal en la canción • Ángeles y demonios • Las catástrofes naturales • Las leyes y el bien común	**Compromiso:** Un ejemplo de honradez **Mi carpeta:** Una argumentación
• Ser discípulos de Jesús • Dios nos salva por su gracia • Debemos colaborar con la gracia de Dios • Ciudadanos del Cielo	• La muerte en distintas religiones • La representación del Cielo • El último viaje • La memoria de los difuntos	**Compromiso:** San Felipe Neri, el santo de la alegría **Mi carpeta:** Balance final

1 La grandeza del ser humano

El misterio de la vida

Noemí nació el 1 de enero, a las 00:01 de la madrugada. Ella fue el primer bebé que vino al mundo en el nuevo año que acababa de empezar.

Sus padres, Carlos y Berta, estaban maravillados. Les parecía increíble tener aquella vida entre sus manos. Habían soñado tanto…

Y continuaban soñando: ¿cómo será?, ¿crecerá sana?, ¿será feliz?, ¿hará algo importante en su vida?, ¿tendrá hijos?…

¿Por qué decimos que la vida es un misterio?

¿Qué sabes del día de tu nacimiento?

NECESITAMOS SABER

¿Qué sabemos sobre el misterio de la vida?

1 Nuestros padres nos dieron la vida. Pero... ¿alguien antes pensó en nosotros tal como somos? ¿Cómo comenzó la vida humana? ¿Para qué vivimos?

2 Los egipcios, los griegos, los romanos y otros pueblos de la Antigüedad ya se hacían preguntas sobre **el origen y el sentido de la vida**. Los sabios de aquellos tiempos intentaron encontrar respuestas a este misterio.

3 Para la religión y para la ciencia, el origen de la vida es un tema muy importante. Las antiguas religiones crearon relatos, como los **mitos** y las **leyendas**, que intentaban explicarlo.

- **¿Te has preguntado alguna vez cómo empezó la vida en la Tierra? Comenta tus ideas.**

ENTRE TODOS

Hablamos sobre el misterio de la vida

1. **En pequeños grupos, elaborad una lista de cosas que os gustaría saber sobre el origen de la vida. Después, elegid las cinco cuestiones que más os interesen.**

- Compartid vuestras inquietudes con toda la clase y decidid sobre qué preguntas os gustaría tener una respuesta.

2. **¿En qué asignaturas se pueden encontrar algunas respuestas al origen de la vida?**

Conocimiento del medio	Lengua	Matemáticas	Religión

3. **Investigad cuál de estas definiciones corresponde a la palabra «mito».**

- ☐ Es una historia inventada por un autor conocido.
- ☐ Es una leyenda transmitida de generación en generación para contar algo difícil de explicar.
- ☐ Es un relato sobre personajes y hechos históricos.

Leemos la Biblia
Creados a imagen de Dios

En el libro del Génesis se recogen dos relatos sobre la creación del hombre y la mujer. Sin intenciones científicas, los autores muestran su fe en Dios como origen de todo, y la grandeza del ser humano, creado a su imagen.

A su imagen y semejanza

Y dijo Dios:

–Hagamos a un ser humano a nuestra imagen y semejanza; que ellos dominen los peces del mar, las aves del cielo, los animales domésticos y todos los reptiles.

Y creó Dios al ser humano a su imagen; a imagen de Dios lo creó; varón y hembra los creó. Y los bendijo Dios y les dijo:

–Creced, multiplicaos, llenad la Tierra y sometedla; dominad los peces del mar, las aves del cielo y todos los seres que reptan sobre la tierra.

Y dijo Dios:

–Mirad. Os entrego todo.

Y así fue.

Y vio Dios todo lo que había hecho: y era muy bueno.

Pasó una tarde, pasó una mañana: el día sexto.

Gn 1, 26-31

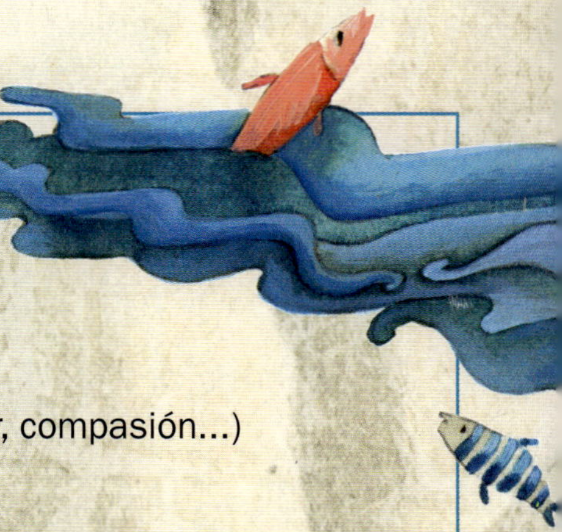

¿QUÉ NOS DICE EL TEXTO?

1. **¿Qué entiendes por «creados a su imagen»?**
   - ☐ Que los seres humanos tienen el mismo aspecto físico que Dios.
   - ☐ Que los seres humanos son tan poderosos como Dios.
   - ☐ Que las mejores cualidades de los seres humanos (bondad, amor, compasión...) son como algunas cualidades de Dios.
2. **Tanto el hombre como la mujer son imagen de Dios. ¿Qué implica esta afirmación?**
3. **Comenta estas frases del texto.**

Os entrego todo.	Y vio Dios que todo era bueno.

Un aliento de vida

Cuando el Señor Dios hizo la Tierra y el cielo, no había aún matorrales en la tierra ni brotaba hierba en el campo, porque el Señor Dios no había enviado lluvia a la Tierra ni había hombre que cultivase el campo y sacase un manantial para regar la superficie del campo.

Entonces, el Señor Dios modeló al hombre de arcilla del suelo, sopló en su nariz aliento de vida, y el hombre se convirtió en ser vivo.

El Señor Dios tomó al hombre y lo colocó en el jardín del Edén para que lo guardara y lo cultivara.

Gn 2, 4-15

¿QUÉ NOS DICE EL TEXTO?

4. Explica el significado de estas frases del texto.

Modeló al hombre de arcilla. | Sopló en su nariz aliento de vida.

- Relaciona cada frase con una de estas ideas.
  - ✓ La vida viene de Dios.
  - ✓ Nuestro cuerpo es obra de Dios.

5. Compara este texto con el de la página anterior.

- ¿Qué diferencias hay entre ambos respecto a la creación del hombre?
- ¿Qué espera Dios del ser humano en cada uno de los relatos?
- ¿En qué coinciden ambos textos?

INVESTIGAMOS

6. Lee completo el capítulo 2 del Génesis y haz un pequeño informe.

- ¿Cómo era el Edén donde Dios situó a Adán y Eva?
- ¿Cómo se relata la creación de Eva?
- ¿Por qué crees que hay un árbol del bien y del mal en el Edén? Explica tu elección.
  - ☐ Porque Dios quería saber si el ser humano era bueno o malo.
  - ☐ Porque Dios quiso dar libertad al ser humano para que él mismo decidiese.
  - ☐ Por otro motivo.

Conocemos nuestra fe

El origen de la vida

Preguntas sobre la vida

Desde pequeños queremos conocer todo lo que llama nuestra atención. Preguntamos qué es, cómo es, para qué sirve, quién lo ha hecho..., y no paramos hasta obtener una respuesta.

Cuando crecemos, nuestro deseo de saber nos lleva a hacernos preguntas más complicadas sobre nosotros mismos y sobre todo lo que nos rodea: ¿por qué existimos?, ¿por qué existe el mundo?, ¿hay alguien que lo haya creado?, ¿por qué mueren las personas?... Entonces descubrimos que la razón humana no puede dar respuesta a muchas de estas preguntas. En estos casos nos enfrentamos al **misterio de la vida.**

Diferentes respuestas

Desde la Antigüedad, el ser humano ha intentado dar respuesta a las preguntas sobre el origen y el sentido de la vida. Los sabios han elaborado teorías, los científicos han formulado hipótesis y todas las religiones han aportado explicaciones, utilizando para ello relatos y mitos.

Buscando respuestas a estas cuestiones, hombres y mujeres de todas las épocas han llegado a creer que Dios existe y que es el origen de todo. Esta creencia no contradice los descubrimientos de la ciencia, sino que los complementa.

Los sabios de todos los tiempos han discutido sobre el origen de las estrellas, del Sol, de la Luna...

En el laboratorio, los científicos investigan sobre el origen de la vida.

VOCABULARIO

sentido: significado, justificación, razón de ser.

creación: conjunto de todo lo que Dios creó de la nada.

Todos somos imagen de Dios.
Esa es la grandeza del ser humano.

La respuesta de nuestra religión

Dios nos manifiesta en la Biblia la respuesta a las grandes preguntas sobre nuestro origen y nuestro destino:

- La creación es obra de Dios, que creó de la nada todo lo que existe.
- Dios todopoderoso lo creó todo por amor.
- El mundo creado por Dios era ordenado y bueno.
- Dios creó al hombre y a la mujer a su imagen y semejanza.
- Dios creó al hombre y a la mujer para que reconocieran su poder, sabiduría y amor, y para que fueran siempre felices.

Las personas somos imagen de Dios y, por eso, somos únicas, inteligentes, libres, y tenemos capacidad para amar y ser felices. Esa es **la dignidad del ser humano**.

ACTIVIDADES

1. **Escribe una frase en tu cuaderno explicando qué hace diferente al ser humano de otros seres vivos.**
2. **Redacta un argumento para defender esta idea.**

   Todos los seres humanos, niños y adultos, hombres y mujeres, de cualquier raza y nacionalidad, somos iguales.

3. **Hablar del sentido de la vida es intentar explicar para qué vivimos. ¿Cuál crees que es el sentido de la vida después de haber leído los textos bíblicos de la creación?**
4. **Copia la afirmación que consideres que explica mejor la dignidad del ser humano.**
   - ☐ Al igual que el resto de los seres vivos, las personas son obra de Dios.
   - ☐ Todas las personas merecen ser respetadas por ser imagen de Dios.
   - ☐ Ante los ojos de Dios, todas las personas somos iguales.
5. **Imagina que los astronautas que exploran el universo encuentran vida en otro planeta y contesta.**
   - ¿Crees que esa vida también puede haber sido creada por Dios? ¿Por qué?

Reportaje

Mitos sobre la creación

En todas las culturas de la Antigüedad surgieron relatos e historias que intentaban dar una explicación al origen del mundo.

La creación en la mitología romana

Al principio solo existía el caos: una gran masa desordenada de cosas. Aunque había tierra, mar y aire, la tierra era inestable; el mar, innavegable, y el aire no tenía luz.

Tiempo después, un dios separó la tierra del cielo, las aguas de la tierra, y el cielo del aire espeso. Y lo dispuso todo en paz y armonía. A continuación, los astros empezaron a brillar en el firmamento, las aguas acogieron a los peces, la tierra recibió a las fieras, y el aire, a las aves.

Pero todavía faltaba un ser capaz de dominarlo todo. Y así nació el hombre, quien fue creado por el hacedor del mundo con la misma forma de los dioses.

Un mito chino

Al principio, el universo tenía forma de huevo. De él salió un gigante con el Yin y el Yang entre sus manos. El Yang se convirtió en el cielo y el Yin, en la Tierra.

Cuando el gigante murió, de su cabeza surgieron el Sol y la Luna; de su sangre, los ríos y los mares; de su respiración, el viento, y de su voz, el trueno. Las personas salieron de las pulgas del gigante.

Un relato africano

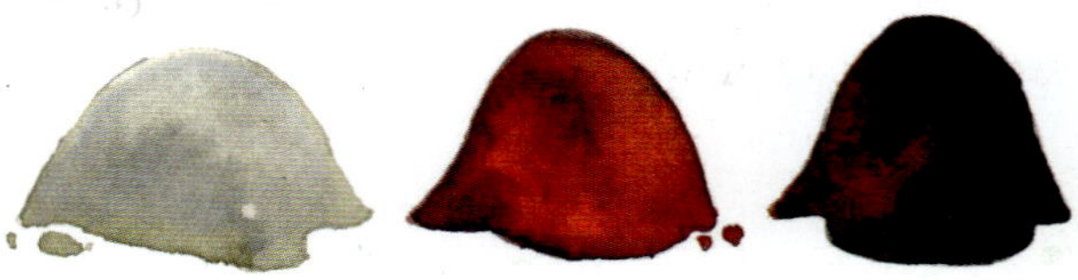

Juok, el creador, hizo a todos los hombres de barro y, mientras llevaba a cabo su obra, recorría el mundo. En el país de los blancos halló una arena completamente blanca y, con ella, modeló a los hombres blancos. Llegó luego a la tierra de Egipto y, con el limo del Nilo, hizo a los hombres rojos y morenos. Finalmente, llegó al país de los shilluks, donde encontró tierra negra, con la que hizo a los hombres de color.

1. Compara estos mitos.

- ¿Quiénes intervienen en la creación?
- ¿Cómo se explica en cada mito el origen del ser humano?

La creación según Miguel Ángel

Miguel Ángel (1475-1564) es uno de los grandes artistas de la Historia. Una de sus obras más conocidas es la decoración del techo de la Capilla Sixtina del Vaticano. En el centro de este gran mural, Miguel Ángel representó el momento en el que el hombre es creado por Dios.

2. ¿Cómo representa el artista a Dios? ¿Dónde lo sitúa? ¿Quiénes lo acompañan?

Puedes ver la obra completa en *mv.vatican.va* (Museos Vaticanos Online → Capilla Sixtina → Bóveda).

3. Lee las páginas 124 y 125 para conocer la vida de este genial artista.

El libro del Génesis

Génesis es una palabra griega que significa «origen». El primer libro de la Biblia lleva ese nombre porque trata de los orígenes del universo, del hombre y del pueblo de Dios.

En el Génesis se narra la historia de grandes personajes como Noé, Abrahán, Isaac, Jacob y José. El libro finaliza con un anuncio de Dios a su pueblo: el retorno a la Tierra Prometida.

El número 7 en la Biblia

En los libros de la Biblia, el número 7 se menciona 737 veces. Este número representa la perfección, ya que la creación es una obra perfecta que Dios hizo en siete días.

Jesús empleó este número para explicar que debíamos perdonar setenta veces siete, es decir, siempre. También fueron siete las frases que Jesús pronunció desde la cruz antes de morir.

Actividades finales

COMPROMISO

Creer que Dios nos creó a todos los seres humanos iguales nos lleva a tomar algunas decisiones. San Francisco Javier así lo entendió y decidió abandonarlo todo para acudir en ayuda de hermanos que vivían lejos y estaban necesitados.

Un mensajero de la fraternidad

San Francisco Javier nació en Navarra en 1506, en el seno de una familia noble. Con 19 años se marchó a estudiar a París. Allí conoció a san Ignacio de Loyola, un sacerdote muy comprometido con los más necesitados, y decidió seguir sus pasos. Poco después fue ordenado sacerdote.

San Francisco Javier sabía que en Asia muchas personas vivían en la pobreza, y decidió hacerse misionero para dedicar su vida a ayudar a los demás. Viajó a Malasia, donde utilizó la música popular para acercarse a los nativos. En Japón aprendió la lengua y se adaptó a las costumbres del país, cambiando incluso sus ropas por un kimono. Durante su estancia en la India trabajó en una leprosería, arriesgando su salud para defender la dignidad de los enfermos.

1. Reflexiona sobre este testimonio.

- ¿Por qué viajó san Francisco Javier a lugares tan lejanos? ¿Qué dificultades pudo encontrar?
- ¿Por qué crees que la Iglesia considera santo a Francisco Javier? ¿Crees que es un buen modelo para los cristianos? Explica.
- ¿Qué es un misionero? ¿Conoces algún misionero o misionera en la actualidad?

2. Piensa si entre las personas que conoces hay alguien que no sea tratado dignamente. ¿Qué podrías hacer tú para mejorar esa situación?

RINCÓN DE LOS DERECHOS HUMANOS

Los Derechos Humanos fueron reconocidos y aceptados por todas las naciones el 10 de diciembre de 1944. Proclaman los derechos de todas las personas sin distinción de sexo, raza o nacionalidad.

Artículo 1. Todos los seres humanos nacen libres e iguales en dignidad y derechos.

3. ¿Consideras que este derecho se cumple en el mundo actual? Explica.

MIS CONCLUSIONES

4. Explica el significado de estas palabras en tu cuaderno.

- ✓ mito
- ✓ misterio
- ✓ fraternidad universal
- ✓ dignidad

5. Escribe las respuestas a estas preguntas.

- ¿Cómo explica nuestra religión el origen de la vida?
- ¿Por qué decimos que Dios es nuestro Padre?
- ¿En qué se parecen los mitos de la Antigüedad sobre la creación al relato de la Biblia?

6. Completa esta afirmación. Después, pon algunos ejemplos que se deriven de ella.

Los hombres y las mujeres somos iguales porque....

Ejemplo: *Hombres y mujeres pueden realizar los mismos trabajos.*

7. ¿Por qué es especialmente importante para los cristianos el artículo 1 de los Derechos Humanos?

- ¿Qué formas de pensar o de actuar están en contra de este artículo? Elige y explica.

respeto | intolerancia | marginación | solidaridad

PARA MI CARPETA. Una colección de fotos

Al finalizar cada unidad del libro, te vamos a proponer que realices un trabajo especial, para archivarlo en una carpeta que después podrás mostrar a tus padres o a quien tú quieras.

Vamos a empezar ahora. ¡Seguro que tu carpeta será preciosa!

Vas a hacer un pequeño álbum de fotos que se llamará «Iguales y diferentes».

- Busca en revistas o periódicos, fotografías en las que se ponga de manifiesto la igualdad entre las personas (por ejemplo, un equipo de fútbol) o bien donde se perciba discriminación.
- Corta varios trozos de cartulina del tamaño de una cuartilla y pega una imagen en cada uno de ellos.
- Escribe un pequeño comentario debajo de cada fotografía.

2 Jesús de Nazaret

Una historia de superhéroes

En la cueva de Batman empezaron a sonar las alarmas. Joker y el hombre de arena, con la ayuda de otros delincuentes, habían colocado bombas por toda la ciudad en un intento de acabar con los superhéroes. Batman alertó del peligro a su gran amigo Spiderman.

Mientras Spiderman ponía a salvo a la población, Batman buscaba el escondite de sus enemigos. Pronto, los radares del batmóvil los localizaron en una cámara acorazada. ¡Tenían a una joven prisionera! Batman se dispuso a liberarla. En ese preciso momento, llegó Spiderman y enredó a los villanos en sus telarañas, cogiéndolos por sorpresa.

Cuando localizaron el detonador, quedaban ya pocos segundos para que las bombas estallaran. Pero, afortunadamente, los superhéroes pudieron desactivarlo justo a tiempo.

Describe los poderes y los puntos débiles de tu superhéroe preferido.

¿Qué acciones realizarías si fueses un superhéroe durante un día?

NECESITAMOS SABER

¿Existen héroes en la vida real?

1 En la ficción existen personas con superpoderes, que salvan a la humanidad del peligro de las fuerzas del mal. Son los **superhéroes**.

2 En la **vida real** existen **profesionales**, como los bomberos, policías, médicos..., que arriesgan su vida como auténticos héroes, para que el mundo sea mejor y más seguro.

3 También existen millones de personas que se esfuerzan cada día para hacer bien las cosas y que, en determinadas situaciones, son capaces de realizar acciones extraordinarias. Son los **héroes anónimos**.

- **¿Piensas que cualquier persona puede realizar acciones extraordinarias? Explica.**

ENTRE TODOS

Hablamos sobre personas que hacen cosas extraordinarias

1. **Pensad en tres o cuatro personas que hayan realizado acciones extraordinarias y hablad sobre ellas.**
   - ¿Es una persona de la actualidad o del pasado?
   - ¿Qué la hace diferente de los demás?
   - ¿Cuál de sus actuaciones te llama más la atención?
   - ¿Te gustaría ser así? Explica.

2. **¿Creéis que Jesús de Nazaret hizo cosas extraordinarias? Poned algún ejemplo.**

Leemos la Biblia
Así es Jesús

A partir de los Evangelios podemos saber que Jesús es verdadero hombre y verdadero Dios. Siente, ama, se alegra y se entristece como los seres humanos, y realiza acciones que solo Dios puede hacer: resucita a los muertos y perdona los pecados.

–¿Dónde habéis sepultado a mi amigo Lázaro? –preguntó Jesús.

–Ven, Señor, y te lo mostraremos.

Entonces Jesús rompió a llorar. Los judíos comentaban:

–¡Cómo lo quería! (...)

Jesús fue al sepulcro y ordenó:

–¡Quitad la piedra!

Marta, la hermana del difunto, le advirtió:

–Señor, tiene que oler muy mal porque hace ya cuatro días que murió (...).

Quitaron la piedra y entonces Jesús, con voz fuerte, dijo:

–¡Lázaro, sal fuera!

Y el muerto salió del sepulcro.

Jn 11, 34-44

Cuando Jesús desembarcó y vio aquel gentío, sintió lástima de los enfermos que le traían y los curó. Al anochecer, sus discípulos se acercaron a decirle:

–El lugar está despoblado y es tarde; despide a la gente para que vayan a las aldeas y compren comida.

–No necesitan marcharse; dadles vosotros de comer –les dijo Jesús.

–No tenemos nada más que cinco panes y dos peces –respondieron los discípulos (...).

Jesús mandó a la gente que se acomodase, tomó los panes, los partió y los dio a los discípulos para que los repartieran entre la gente. Y comieron todos hasta saciarse. (...) Y los que comieron fueron unas cinco mil personas.

Mt 14, 14-21

Al ver a Jesús, los fariseos preguntaban a sus discípulos:

–¿Por qué come vuestro maestro con los recaudadores de impuestos y los pecadores?

Jesús lo oyó y les dijo:

–No necesitan médico los sanos, sino los enfermos.

Mt 9, 11-12

VOCABULARIO

fariseos: personas que cumplían la ley judía al pie de la letra.

Se levantó de la mesa, se quitó el manto,
tomó una toalla y se la ciñó a la cintura.
Después echó agua en una palangana
y comenzó a lavar los pies de los discípulos.

Jn 13, 4-5

Cuando llegaron al lugar llamado La Calavera, crucificaron allí a Jesús y también a dos malhechores. Jesús decía:

–Padre, perdónalos, porque no saben lo que hacen.

Lc 23, 33-34

¿QUÉ NOS DICE EL TEXTO?

1. **¿Cómo es Jesús? Analiza cada texto y haz un cuadro como este.**

1.er texto	Jesús sufre como un hombre y…
2.o texto	

2. **Comenta con tus compañeros qué rasgo del carácter de Jesús te parece más importante.**

3. **Escribe un breve retrato de la personalidad de Jesús.**

4. **A lo largo de su vida, Jesús «predicó con el ejemplo». ¿Qué significa esta expresión?**

- ☐ Que ponía ejemplos de todo lo que explicaba.
- ☐ Que hacía lo que pedía a sus discípulos que hiciesen.

- Habla de otras situaciones en las que Jesús predicara con el ejemplo.

5. **Nuestra visión de Jesús se ha enriquecido al profundizar en su vida. ¿Alguna vez ha cambiado la imagen que tenías de alguien al conocerlo mejor?**

6. **Lee las páginas 120 y 121 y explica cómo era la actitud de Jesús con las mujeres.**

INVESTIGAMOS

7. **Lee alguno de estos pasajes y comenta qué te llama la atención de la forma de ser de Jesús.**

Mt 7, 1-3 | Lc 7, 2-10 | Lc 6, 27-29 | Mc 10, 14-16

Conocemos nuestra fe
Jesús de Nazaret

¿Cómo conocemos a Jesús?

Conocemos la existencia y las obras de Jesús de Nazaret a través de diferentes testimonios:

- Los **historiadores**, que nos dicen que Jesús fue una persona que vivió en el siglo I y que su vida se desarrolló en algunos pueblos y ciudades de Palestina.
- Los **Evangelios**, que surgieron a partir del deseo de los discípulos de transmitir a todos los hombres y mujeres lo que Jesús hizo y dijo durante su vida. En ellos encontramos las enseñanzas de Jesús, así como algunos hechos y acontecimientos importantes de su vida.
- La **tradición de la Iglesia**, que a través de los tiempos ha ido transmitiendo su fe en Jesús.

***El tributo*, de Masaccio** (siglo XV). Entre sus discípulos, Jesús eligió a doce hombres para que lo ayudaran a realizar su misión. Eran los apóstoles.

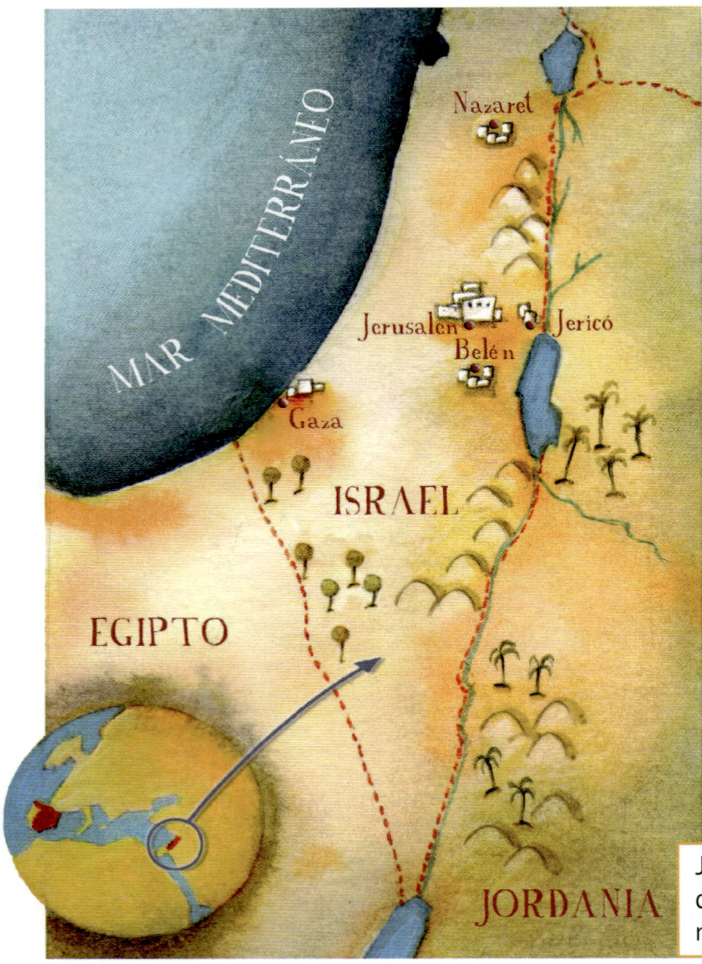

Jesús pasó su vida en pueblos y ciudades que todavía hoy mantienen los mismos nombres que tenían entonces.

¿Qué sabemos de Jesús?

Jesús nació en Belén, un pequeño pueblo de la región palestina de Judea, y vivió la mayor parte de su vida en Nazaret, junto a sus padres, María y José.

Hacia los 30 años, Jesús se retiró al desierto para orar. A su regreso fue bautizado en el río Jordán por Juan el Bautista. A partir de ese momento, comenzó a recorrer los pueblos y ciudades de Palestina anunciando la llegada del reino de Dios.

Jesús tuvo muchos **seguidores y discípulos**, que se sentían atraídos por su forma de vida, sus palabras y los hechos inexplicables que realizaba. Pero también tuvo muchos enemigos, que finalmente lo denunciaron y provocaron que fuera condenado a morir en la cruz.

¿Qué pensaban de Jesús las personas de su época?

Muchos judíos pensaron que Jesús era el mesías enviado por Dios que, según una antigua tradición del pueblo de Israel, los llevaría a vencer a sus enemigos y les devolvería la libertad.

Muchas de las personas que en un primer momento creyeron que Jesús era ese mesías revolucionario, poco a poco fueron descubriendo que tanto sus palabras como sus hechos eran contrarios a la violencia y que Él no buscaba una liberación de tipo político. Así empezaron a surgir los discípulos, hombres y mujeres que creyeron en Jesús como el Hijo de Dios, **el auténtico Mesías**.

Sin embargo, los dirigentes religiosos condenaron a Jesús, porque denunciaba su hipocresía, acogía a los marginados y defendía el amor fraterno por encima de todas las leyes, pero, sobre todo, porque no lo reconocieron como Hijo de Dios.

VOCABULARIO

Mesías: el enviado por Dios para establecer su reino y salvar del pecado a las personas. Jesús es el Mesías, el Ungido, el Cristo, el Salvador.

Jesús según el catecismo de la Iglesia católica

620. Cristo murió por nuestros pecados. Nuestra salvación procede de la iniciativa del amor de Dios hacia nosotros, porque Él nos amó y nos envió a su Hijo para que se ofreciera por nuestros pecados.

ACTIVIDADES

1. **Enumera las fuentes a través de las cuales conocemos la existencia de Jesús.**
2. **Piensa y contesta en tu cuaderno.**
   - ¿Por qué Jesús fue una amenaza para algunas personas de su tiempo?
   - ¿Por qué no lo veían de este modo sus discípulos?
3. **Explica el motivo de los viajes que Jesús realizó por Palestina.**

INVESTIGAMOS

4. **Infórmate sobre cómo vivían los judíos en la época de Jesús.**
   - la vivienda
   - la alimentación
   - el vestido
   - la educación
   - los oficios
   - los lugares de reunión

El rostro de Jesús en la pintura

Tenemos pocos datos sobre el aspecto físico de Jesús. Los artistas de diferentes épocas lo han representado tomando como modelo a las personas de su tiempo.

El Mandylion

Se considera la representación más antigua del rostro de Jesús. Se trata de una imagen de rasgos asiáticos y aire misterioso, con formas alargadas, tez morena y cabello lacio.

Cuenta una leyenda turca que Jesús envió esta tela con su rostro impreso al rey de Edesa y que, al contemplarlo, el rey se curó de una grave enfermedad.

El pantocrátor

Pantocrátor de San Clemente de Tahull (siglo XII).

Esta representación de Jesús tuvo su origen en Bizancio, el Imperio romano de Oriente, durante la Edad Media. Con esta imagen de Jesús no se pretendía hacer un retrato fiel, sino destacar su divinidad, mostrando a Jesucristo todopoderoso, principio y fin de todo lo creado.

Cristo europeo

A finales de la Edad Media, los artistas europeos comenzaron a representar el rostro de Jesús con rasgos occidentales. La figura es más proporcionada y realista, manteniendo el tipo de ropajes transmitido por la tradición.

Elección de los apóstoles, de Ghirlandaio (s. XV).

1. **¿Qué imagen de Jesús te gusta más? ¿Cómo te imaginas tú el rostro de Jesús?**

Jesús en el barroco

En los siglos XVII y XVIII se representa una imagen de Jesús más humana, que en ocasiones expresa sentimientos de bondad y compasión, y otras veces muestra el sufrimiento de la pasión.

El varón de los dolores, de Murillo (s. XVII).

Jesús en la pintura actual

En la actualidad, los artistas representan a Jesús con rostros muy diferentes, utilizando para ello estilos, técnicas y formas de expresión contemporáneas.

Jesús en *La última cena*, de Dalí (s. XX).

El país de Jesús

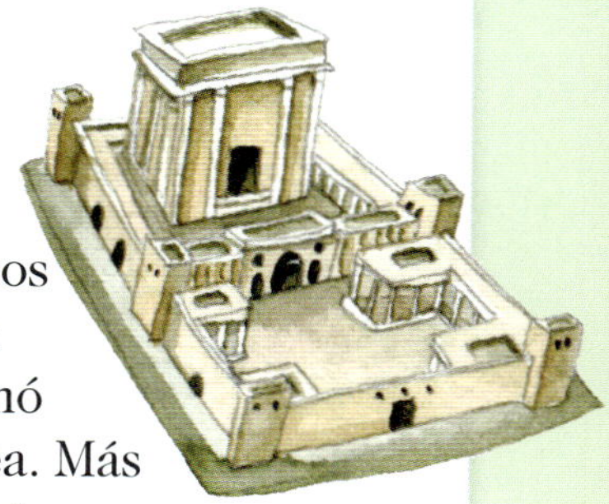

La tierra donde vivió Jesús ha recibido diversos nombres a lo largo de la historia. Primero se llamó Canaán y después, Judea. Más tarde los romanos le pusieron Palestina. Su costa está bañada por el Mediterráneo. Su capital era Jerusalén y en ella se encontraba el Templo de Salomón, al que acudían todos los años miles de peregrinos.

2. **¿Qué nombre recibe actualmente el país en el que vivió Jesús?**

El árbol de Jesé

Los evangelistas Mateo y Lucas nos cuentan que Jesús perteneció a la estirpe de David, ya que san José era descendiente de este rey.

El árbol de Jesé es el árbol genealógico de Jesús. En él aparecen todos sus antepasados desde Jesé, padre del rey David.

3. **Lee Mt 1, 1-16 e investiga sobre alguno de los antepasados de Jesús.**

4. **Pregunta a tus familiares y construye tu propio árbol genealógico. ¿Cuántas generaciones has sido capaz de encontrar?**

Actividades finales

COMPROMISO

Siguiendo el ejemplo de Jesús, muchas personas se han entregado al servicio de los demás. Algunos de ellos han llegado hasta el extremo de sacrificar su propia vida.

Una entrega total

Durante la Segunda Guerra Mundial, los alemanes invadieron Polonia y encerraron a miles de personas en campos de concentración. El padre Maximiliano Kolbe fue apresado por los nazis y enviado al campo de concentración de Auschwitz.

Un día, un prisionero consiguió escapar de allí. Como represalia, un oficial nazi ordenó matar a diez presos. Aleatoriamente, fue señalando uno a uno a los condenados a muerte. El padre Kolbe no fue elegido, pero él solicitó entregar su vida a cambio de la de un pobre hombre que se lamentaba por su esposa y sus hijos.

1. Reflexiona sobre este testimonio.

- Infórmate y di qué era un campo de concentración. ¿Cómo crees que se sentían los prisioneros?
- ¿Qué razones encontró el padre Kolbe para dar su vida a cambio de la del otro prisionero?
- Con su forma de actuar, el padre Kolbe fue testimonio del modo de vida que proclamaba Jesús. Pon algún ejemplo de personas que dedican su vida al servicio de los demás.

2. ¿A qué estarías dispuesto a renunciar tú para ayudar a alguien?

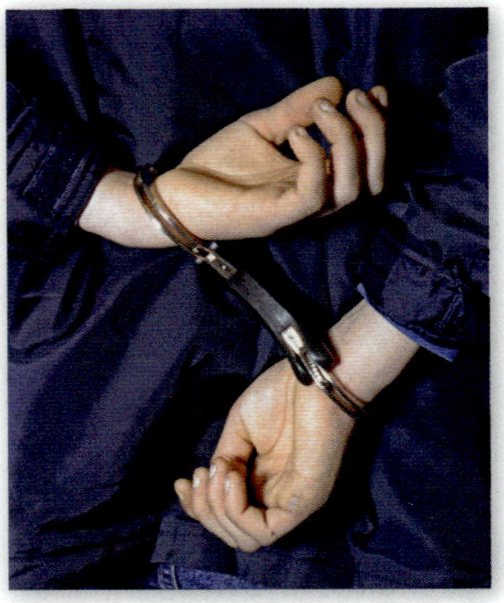

RINCÓN DE LOS DERECHOS HUMANOS

Artículo 3. Todo individuo tiene derecho a la vida, a la libertad y a la seguridad de su persona.

3. Jesús fue privado de su libertad y condenado a muerte. ¿Conoces, a través de los medios de comunicación, el caso de alguna persona a la que se le niegue el derecho a la vida?

MIS CONCLUSIONES

4. **A partir de las imágenes que has visto y los textos que has leído, describe la figura de Jesús.**

Puedes comentar estos aspectos:

su apariencia física	sus gustos	sus actividades

- ¿Dónde podemos descubrir mejor cómo es Jesús, en un cuadro o en los relatos del Evangelio?

5. **Escribe las cinco cualidades que te parecen más significativas de la personalidad de Jesús.**

6. **Explica por qué los discípulos llamaban a Jesús «el Mesías».**

- ¿Con qué otros nombres conoces a Jesús?

7. **Imagina que haces un viaje en el tiempo y te encuentras con Jesús en Palestina. Escribe cuatro preguntas que te gustaría hacerle sobre su vida.**

8. **¿Por qué continúa siendo válido el modelo de vida de Jesús 2.000 años después de su muerte?**

El Cristo amarillo, de Gauguin (s. XIX).

PARA MI CARPETA. El análisis de una pintura

Formad pequeños grupos para hacer un comentario del cuadro *La última cena*, de Buoninsegna.

- Informaos sobre el pintor: su época, su estilo artístico, sus obras...
- Estudiad el tema del cuadro: qué episodio de la vida de Jesús recoge, qué otras personas aparecen...
- Analizad los detalles: la figura de Jesús y otros personajes, los ropajes, el lugar donde están reunidos...
- Escribid vuestra opinión: sentimientos que os inspira el cuadro, impresiones sobre el color, la composición...

En la web *www.biografiasyvidas.com* podéis encontrar información.

3 Las enseñanzas de Jesús

El deseo de aprender

Cada mañana, Karim se levanta al amanecer y emprende un largo camino junto a otros niños del poblado. La escuela a la que acuden se encuentra en una aldea muy alejada y deben recorrer casi diez kilómetros a pie.

Cuando por fin llegan a la escuela, Karim está muy cansado. ¡Llevan más de dos horas caminando sin parar! Pero él descubre la sonrisa de su maestro y se siente feliz. Sabe que hoy, de nuevo, aprenderá muchas cosas, descubrirá que el mundo es mucho más grande que la enorme selva en la que vive y dará un pequeño paso para poder disfrutar de un futuro mejor.

Y… ¡quién sabe!, sueña Karim, tal vez algún día él también podrá ser maestro y enseñar a otros niños de su poblado.

¿Qué anima a Karim a recorrer ese largo camino todos los días?

¿Qué te gustaría ser de mayor? ¿Cómo puedes conseguirlo?

NECESITAMOS SABER

¿Cómo podemos ser mejores?

1 Todas las personas tenemos unos **rasgos físicos** y unas **cualidades** (carácter, habilidades, gustos...) que nos hacen especiales y diferentes a los demás. Sin embargo, todos sentimos el deseo de mejorar.

2 Desde pequeños, nuestros padres y profesores se encargan de nuestra educación y **aprendizaje**. De esta forma ampliamos nuestros conocimientos, mejoramos nuestras capacidades, y nuestras posibilidades de desarrollo en el futuro se amplían.

3 A lo largo de toda nuestra vida, vivimos experiencias y conocemos a personas que, con su ejemplo, nos ayudan a **ser mejores**.

- **¿Por qué los seres humanos sentimos el deseo de mejorar?**

ENTRE TODOS

Hablamos sobre cómo somos

1. Comentad cómo sois y cómo os ven los demás.

Para ello, completad una tabla como esta y pedid a vuestro compañero que añada algunos datos más.

ASÍ SOY YO		
Rasgos físicos	Cualidades	Habilidades

- Pensad en qué os gustaría mejorar.

2. Recordad a algún profesor o profesora por el que sintáis un cariño especial y contestad a estas preguntas.

- ¿Cómo se llamaba? ¿En qué curso os dio clase?
- ¿Por qué es especial ese profesor para cada uno de vosotros?
- ¿Creéis que ha contribuido a hacer de vosotros mejores personas?

Leemos la Biblia

El anuncio del reino

Después de elegir a sus discípulos, Jesús comenzó a predicar por Galilea mostrando su alegría por la llegada del reino de Dios. Para ello, proclamó las bienaventuranzas, que están incluidas en el sermón de la montaña.

Las bienaventuranzas

Al ver a la gente, Jesús subió al monte, se sentó, y se le acercaron sus discípulos. Entonces comenzó a enseñarles con estas palabras:

Dichosos los pobres en el espíritu,
porque suyo es el reino de los Cielos.
Dichosos los que están tristes,
porque Dios los consolará.
Dichosos los humildes,
porque heredarán la tierra.
Dichosos los que tienen hambre y sed
de hacer la voluntad de Dios,
porque Él los saciará.
Dichosos los misericordiosos,
porque Dios tendrá misericordia de ellos.
Dichosos los que tienen un corazón limpio,
porque ellos verán a Dios.
Dichosos los que construyen la paz,
porque serán llamados hijos de Dios.
Dichosos los perseguidos por hacer la voluntad de Dios,
porque de ellos es el reino de los Cielos.

Dichosos seréis cuando os injurien y os persigan, y digan contra vosotros toda clase de calumnias por causa mía. Alegraos y regocijaos, porque será grande vuestra recompensa en los Cielos, pues así persiguieron a los profetas anteriores a vosotros.

Mt 5, 1-12

VOCABULARIO

dichosos: felices, afortunados.

misericordia: bondad, compasión; disposición de ayudar a las personas que se sienten solas, tristes...

injurien: ofendan gravemente a alguien.

calumnias: acusaciones falsas contra una persona.

Con Jesús se hace presente el reino de Dios en el mundo y, con las bienaventuranzas, se cumple el anuncio del profeta Isaías.

La promesa del profeta Isaías

El Espíritu del Señor está sobre mí, porque Él me ha bendecido. Me ha enviado para dar la buena nueva a los pobres, para curar los corazones desgarrados y anunciar a los prisioneros la libertad.

Me ha enviado para anunciar un año de gracia del Señor y consolar a todos los afligidos.

Is 61, 1-2

¿QUÉ NOS DICE EL TEXTO?

1. **¿Por qué crees que Jesús proclamó las bienaventuranzas al inicio de su predicación?**

2. **¿Qué significa «ser pobre de espíritu»? Elige.**

☐ Ser vago y despreocupado. ☐ No ser orgulloso, soberbio, ambicioso...

- Explica tú qué significa «tener hambre y sed de hacer la voluntad de Dios».

3. **Completa una tabla como esta sobre las bienaventuranzas. Debes rellenar nueve filas.**

La situación presente	La situación futura
Dichosos los pobres de espíritu	porque de ellos es el reino de los Cielos.

4. **Hay bienaventuranzas que se refieren a cómo debemos ser; otras nos dicen qué debemos hacer. ¿Sabrías diferenciarlas?**

5. **Explica qué es para ti la felicidad.**

- ¿Se puede ser feliz actuando como indican las bienaventuranzas?

6. **¿Conoces a alguna persona a la que insulten o persigan por hablar de Dios?**

- ¿Y tú, hablas de Dios? ¿Por qué?

7. **Comenta la relación que hay entre el texto de Isaías y las bienaventuranzas.**

Para comprender mejor las bienaventuranzas consulta: *www.laverdadcatolica.org/F33.htm*

Conocemos nuestra fe

Las enseñanzas de Jesús

Jesús, el Maestro

Poco después de comenzar su predicación, Jesús empezó a ser considerado por sus discípulos y seguidores como el Maestro.

Las enseñanzas de Jesús están recogidas en **los Evangelios**. Todo lo que Jesús dijo tiene gran importancia y solo los que conocen esas enseñanzas llegan a comprender quién es Jesús y qué sentido tuvo su vida.

Por los Evangelios sabemos que Jesús dirigía su predicación a la gente sencilla y que les hablaba con un lenguaje muy cercano. A menudo utilizaba **parábolas** para explicar en qué consiste el reino de Dios. Las parábolas son narraciones breves relacionadas con la vida cotidiana, que le servían de ejemplo. Algunas parábolas son la del hijo pródigo, la del buen samaritano o la del sembrador.

Con el tiempo, algunos discípulos recogieron por escrito las enseñanzas de Jesús en los Evangelios.

Las bienaventuranzas y el reino de Dios

Jesús llama dichosos a los pobres, a los perseguidos, a los que trabajan por la paz, a los marginados y a los que sufren por cualquier causa. A todos ellos les transmite este mensaje: Dios los ama, no quiere su sufrimiento y los recompensará.

Las bienaventuranzas son, por excelencia, el mensaje del reino de Dios, un reino interior con unos valores diferentes a los que predominan en el mundo. Las bienaventuranzas son un **mensaje de esperanza** para todos los que sufren, ya que en el Cielo su sufrimiento se transformará en felicidad.

En el reino de Dios el primer valor es la **caridad**. La persona que ama a Dios y se entrega a los demás, hasta el punto de aceptar por ellos la pobreza o la injusticia, pertenece ya al reino de Dios.

Iglesia del monte de las Bienaventuranzas. Fue construida cerca de Cafarnaún (Israel), en el lugar donde Jesús pronunció el sermón de la montaña.

Otras enseñanzas de Jesús

Las bienaventuranzas son consideradas un resumen del mensaje de Jesús, porque en ellas se habla de amor, de compromiso, de confianza en Dios y de vida eterna. Sin embargo, Él nos enseñó otras muchas cosas a lo largo de su vida:

- A conocer mejor a Dios y verlo como un Padre amoroso y compasivo.
- A orar a Dios con respeto y confianza.
- A amar la vida y tener fe en la providencia de Dios.
- A perdonar a los que nos ofenden, igual que Dios siempre perdona.
- A esforzarnos para cumplir la voluntad de Dios y extender su reino en la Tierra.

Jesús enseñó a sus discípulos a dirigirse a Dios Padre a través de la oración.

VOCABULARIO

compasivo: que se entristece y sufre por las desgracias de los demás.

providencia: cuidado que Dios tiene de todos los seres de la creación.

ACTIVIDADES

1. **Explica por qué Jesús recibía el nombre de «el Maestro».**
   - ¿Crees que las personas que lo escuchaban entendían su mensaje?
2. **Contesta en tu cuaderno.**
   - ¿En qué parte de la Biblia podemos encontrar las enseñanzas de Jesús?
   - ¿Quiénes contribuyeron a que este mensaje se difundiera? ¿De qué modo?
   - ¿A qué se debe la importancia del sermón de la montaña?
3. **¿Conoces a alguien a quien se pueda considerar bienaventurado?**
4. **¿Qué son las parábolas? Elige una parábola que conozcas y explica qué nos quiere enseñar Jesús con esa historia.**
5. **Lee las páginas 126 y 127, y comenta cómo puso en práctica san Ignacio de Loyola las enseñanzas de Jesús.**

Las enseñanzas de Jesús en la Literatura

En la historia de la Literatura, muchos escritores han hecho referencia a las enseñanzas de Jesús e incluso han incluido en sus obras algunos fragmentos del Evangelio.

El Quijote, de Miguel de Cervantes

Cervantes pone en boca de su personaje don Quijote esta enseñanza de Jesús:

Y sé que el camino de la virtud es muy estrecho y el del vicio, ancho y espacioso... El camino del vicio acaba en muerte, y el de la virtud termina en la vida, pero no en la vida que se acaba, sino en la que no tendrá fin.

Nazarín, de Pérez Galdós

Benito Pérez Galdós narra, en su novela *Nazarín*, la historia de un sacerdote que vive en la más absoluta pobreza, siguiendo el ejemplo de Jesús de Nazaret.

Varios libros de *Las crónicas de Narnia* han sido llevados al cine.

Tu prójimo como a ti mismo

Calderón de la Barca vivió en el siglo XVII y escribió numerosas obras teatrales que se representaban en la fiesta del Corpus. La obra *Tu prójimo como a ti mismo* está inspirada en la parábola del buen samaritano.

Las crónicas de Narnia

En estos libros, el escritor contemporáneo C. S. Lewis relata acontecimientos inspirados en la vida de Jesús. Lewis se convirtió al cristianismo siendo ya adulto, y en sus novelas quiere dar a conocer a Jesús.

1. **Intenta explicar con tus palabras la cita de *El Quijote* y relaciónala con este pasaje del Evangelio: Mt 7, 13-14.**
2. **¿Has leído algún libro de *Las crónicas de Narnia*? Explica qué tienen en común Aslan y Jesús.**

Jesús en el Corán

En el Corán, libro fundamental para el islam, también se habla de Jesús. De Él se cuenta que nació de María Virgen; que hizo milagros, como curar a ciegos y paralíticos, y que anunció la venida del profeta Mahoma. No se menciona que fue crucificado, aunque sí que ascendió a los Cielos y que volverá a la Tierra el día del Juicio Final.

3. ¿Qué diferencia hay entre la historia de Jesús en los Evangelios y en el Corán?

Cómo nos han llegado los Evangelios

Todos los Evangelios fueron escritos a lo largo del siglo I después de Cristo, en griego y en arameo. Con el tiempo, se tradujeron al latín y a otras muchas lenguas. Actualmente, los Evangelios se pueden leer en más de 2.000 idiomas.

En 1947, en una cueva a orillas del Mar Muerto, se encontró un manuscrito del Evangelio de san Marcos en el interior de una vasija.

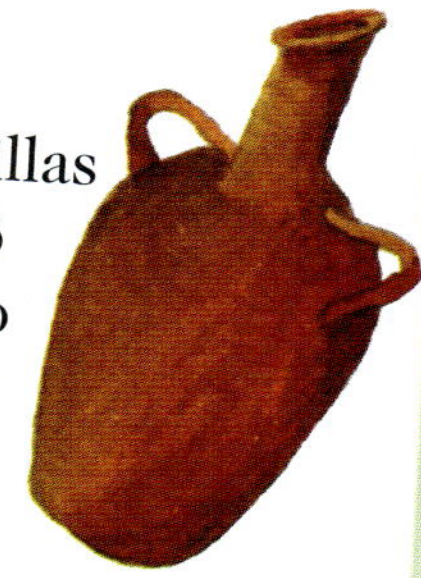

La sinagoga y el estudio de la Biblia

La sinagoga es el templo de los judíos. En la época de Jesús, era también el lugar donde se enseñaba la Torá, que son los cinco primeros libros de la Biblia.

Los varones, durante su infancia y adolescencia, acudían a la sinagoga con el objetivo de iluminar su mente y formar su carácter. La religión, y en concreto la Biblia, era el centro del programa de enseñanza.

En varias ocasiones, Jesús acudió a la sinagoga a predicar su mensaje.

4. ¿En qué lugares has aprendido tú las enseñanzas de la Biblia? ¿Crees que han influido sobre tu forma de ser?

5. ¿Dónde nos reunimos los cristianos habitualmente para reflexionar sobre la Palabra de Dios?

Rollos de la Torá.

Maqueta y ruinas de la antigua sinagoga de Cafarnaún.

Actividades finales

COMPROMISO

Jesús nos enseñó el verdadero camino para alcanzar la felicidad. En la vida de algunas personas comprobamos cómo la felicidad no reside en cosas materiales.

Una verdadera felicidad

Por la diminuta ventana de la escuela se ve a un grupo de niños y niñas de diferentes edades sentados en el suelo, escuchando embelesados al profesor. Carecen de pupitres, sillas, libros..., y los más afortunados solo disponen de un cuaderno y un lápiz que una ONG les ha proporcionado.

Sin embargo, sus caras reflejan alegría y felicidad. Ellos se consideran afortunados, porque están aprendiendo a leer y a escribir.

1. Reflexiona sobre este testimonio.

- ¿Qué diferencias hay entre tu clase y la escuela de la fotografía?
- Los niños de la fotografía carecen de muchas cosas. ¿Cómo explicas sus rostros de alegría?
- ¿Merece la pena asistir a clase y aprender? ¿Por qué?
- ¿Crees que aprovechas el tiempo en el colegio para aprender y ser mejor?

2. Calcula el coste del material que usas en el colegio: bolígrafos, gomas, cuadernos....

- ¿Sueles perder a menudo tu material? ¿Cuántas veces al año tienes que reponerlo?
- ¿Qué se podría hacer con el material que se pierde a diario en tu clase? ¿Y con el dinero que se emplea en reponerlo?

RINCÓN DE LOS DERECHOS HUMANOS

Artículo 26. Toda persona tiene derecho a la educación. La educación tendrá por objeto el pleno desarrollo de la personalidad humana y el fortalecimiento del respeto a los Derechos Humanos y a las libertades fundamentales.

3. ¿Crees que las enseñanzas de Jesús contribuyen a formar nuestra personalidad?

- ¿Qué podemos hacer para que estas enseñanzas lleguen al mayor número posible de personas?

MIS CONCLUSIONES

El sermón de la montaña, de J. M. Moreno Carbonero (s. XIX).

4. **¿Para qué pronunció Jesús el sermón de la montaña? Explica qué nos quiso transmitir con las bienaventuranzas.**

5. **Escribe las respuestas a estas preguntas.**

- ¿A quiénes se refieren las bienaventuranzas? ¿Por qué Jesús los llama bienaventurados?
- ¿Dónde podemos encontrar personas así en la actualidad?
- ¿Cómo hay que actuar para formar parte de los bienaventurados?

6. **Haz dos listas de personas que han contribuido o contribuyen a difundir las enseñanzas de Jesús.**

En el pasado	En el presente

7. **Piensa en el mundo actual y en las bienaventuranzas de Jesús. ¿Podrías añadir alguna otra bienaventuranza?**

8. **Recuerda las enseñanzas de Jesús y expresa tu opinión respecto a esta situación.**

Luis está siempre triste en el recreo. Hay un grupo de chavales, capitaneados por Óscar, que a menudo se burla de él. Natalia y sus amigos han decidido que no van a tolerar más esta situación y han retado al grupo de Óscar a una pelea a la salida del colegio.

PARA MI CARPETA. Un reportaje periodístico

Imagina que eres periodista y que vas a hacer un reportaje sobre el sermón en que Jesús proclamará las bienaventuranzas.

- Cita el lugar del encuentro, la hora y el tiempo atmosférico.
- Comenta quiénes esperan a Jesús y qué expectativas tienen.
- Describe la figura de Jesús, dónde se sitúa, su forma de hablar y las reacciones que provocan sus palabras.
- Incluye un comentario sobre el discurso de Jesús, en el que expreses tus sentimientos y emociones.
- Inventa un título para tu reportaje y decide cómo ilustrarlo.

Taller de la Biblia

La Biblia

La Biblia es el libro más importante para los cristianos. En la Biblia se nos revela la verdad de Dios y se nos muestra su amor a los hombres y mujeres. Además, la Biblia contiene orientaciones acerca de cómo vivir al servicio de Dios y de los demás, para alcanzar la felicidad.

Los textos de la Biblia han sido inspirados por Dios; por eso, decimos que la Biblia es la Palabra de Dios.

Los libros de la Biblia

La Biblia es un conjunto de libros agrupados en dos colecciones: el Antiguo Testamento y el Nuevo Testamento.

El Antiguo Testamento, formado por 46 libros, contiene textos sobre la historia de la salvación y sobre el anuncio de la venida del Mesías.

El Nuevo Testamento recoge la vida y las enseñanzas de Jesús. Está formado por 27 libros: los cuatro Evangelios, los Hechos de los Apóstoles, las epístolas y el libro del Apocalipsis, escrito por san Juan.

Los cinco primeros libros del Antiguo Testamento se conocen con el nombre de **Pentateuco**.

ACTIVIDADES

1. **Observa una Biblia y descríbela. Debes prestar atención a estas cuestiones:**
   - **Aspecto del libro:** ¿Es un tomo grueso o delgado? ¿El formato es grande o pequeño? ¿Cómo es la portada? ¿La letra es grande o pequeña? ¿Contiene ilustraciones?
   - **Organización del libro:** Descubre qué parte de tu Biblia corresponde al Antiguo Testamento y cuál corresponde al Nuevo Testamento.
   - **Edición:** ¿Qué información aparece en la parte superior de cada página? ¿Cómo está distribuido el texto: en una columna o en dos columnas? ¿El texto aparece dividido en apartados? ¿Los apartados tienen título? ¿Qué significan los números que preceden a los textos?
2. **Realiza un dibujo que sirva para ilustrar la portada de una Biblia.**

Visita la web *recursos.cnice.mec.es/bibliainfantil* y encontrarás juegos sobre la Biblia.

Descubrimos el Antiguo Testamento

Los libros del Antiguo Testamento

El Antiguo Testamento está compuesto por 46 libros. El primero de ellos es el Génesis y el último, el libro de Malaquías.

Estos libros se escribieron durante un largo periodo de tiempo, desde unos 1.300 años antes de Cristo. Originalmente fueron escritos en hebreo y en arameo. Después se tradujeron al griego y, posteriormente, a otras lenguas. Para redactarlos, los autores se basaron en la tradición oral y en antiguos escritos.

El Antiguo Testamento es también el libro sagrado para la religión judía. Asimismo es respetado por el islam.

Los géneros literarios del Antiguo Testamento

Los libros del Antiguo Testamento están escritos en diferentes géneros literarios. Así, podemos encontrar:

- **Libros de reflexión.** Dan consejos para vivir mejor. Un ejemplo es el libro de los Proverbios.
- **Libros de leyes.** Dictan las normas que han de seguir los creyentes. Uno de ellos es el libro de los Números.
- **Libros históricos.** Narran la historia del pueblo de Israel y su relación con Dios. Por ejemplo, el Éxodo y las Crónicas.
- **Libros poéticos.** Hablan de Dios con lenguaje poético. Entre ellos están el Cantar de los Cantares y los Salmos.
- **Libros proféticos.** Denuncian el mal y anuncian la venida del Mesías. Un ejemplo es el libro del profeta Isaías.

ACTIVIDADES

3. Lee los siguientes textos y di a qué género literario corresponde cada uno.

profético	histórico	poético	leyes

a. Escucha, Israel, la ley que os doy: No tendrás otros dioses fuera de mí (Dt 5, 1.7).

b. A los tres meses de salir de Egipto, los israelitas llegaron al desierto del Sinaí (Éx 19, 1).

c. ¡Alabad al Señor en las alturas! ¡Alabadlo, Sol y Luna! ¡Alabadlo, estrellas lucientes! (Sal 148, 1-3).

d. Yo soy el Señor. Y os voy a anunciar algo nuevo antes de que suceda (Is 42, 8-9).

4. Busca en la Biblia los títulos de los libros del Antiguo Testamento y copia diez de ellos.

5. Explica la importancia de los libros del Antiguo Testamento para los cristianos y para los judíos.

Descubrimos el Nuevo Testamento

Los libros del Nuevo Testamento

De los 27 libros del Nuevo Testamento, los más importantes son los **Evangelios**.

El origen de los cuatro Evangelios está en los relatos orales que, sobre Jesús, fueron transmitidos de unas personas a otras después de su resurrección, y en la propia experiencia de sus autores. El Evangelio más antiguo es el de san Marcos, escrito alrededor del año 50 d.C. San Lucas y san Mateo tuvieron en cuenta el texto de san Marcos para escribir sus Evangelios, por eso estos tres textos son semejantes. Sin embargo, el Evangelio de san Juan es algo diferente.

Los **Hechos de los Apóstoles** narran la vida de los primeros cristianos, y las **epístolas** son cartas que escribieron los apóstoles a algunas comunidades cristianas.

Los géneros literarios del Nuevo Testamento

Los libros del Nuevo Testamento fueron escritos en arameo y en griego, y después se tradujeron a otras lenguas. El objetivo de estos textos es anunciar la buena noticia de Jesús y mostrar el estilo de vida que han de seguir los cristianos para alcanzar la salvación.

En el Nuevo Testamento también hay textos escritos en diferentes géneros literarios, aunque no existe tanta variedad como en el Antiguo Testamento. Así, podemos encontrar:

- **Narraciones de carácter histórico**, que cuentan la vida y las obras de Jesús o el inicio de las primeras comunidades cristianas.
- **Textos didácticos**, como son las parábolas pronunciadas por Jesús.
- **Cartas**, como las de san Pablo.
- **Textos proféticos**, como el Apocalipsis de san Juan.

ACTIVIDADES

6. Explica para qué se escribieron los Evangelios.

- ¿Se puede decir que los Evangelios son una biografía de Jesús?

7. Relaciona cada símbolo con uno de los evangelistas.

8. Busca en la Biblia las cartas de los apóstoles. ¿Quiénes las escribieron?

9. Imagina con tus compañeros cómo se transportaba el correo en aquella época. ¿Qué sentirían los primeros cristianos al recibir las cartas de los apóstoles?

Usamos la Biblia

La Biblia es un libro imprescindible en la vida de los cristianos. Para manejarla es necesario saber cómo está organizada y cómo se deben interpretar los textos.

Localizar un texto

Todos los libros de la Biblia están organizados en capítulos y versículos. De ese modo, a partir de una cita, es muy fácil localizar un texto.

- Busca estas citas: Lc 12, 1-3; Gn 6, 13-21; 1 Cor 1, 10-12 y explica qué se dice en cada una de ellas.

Algunas ediciones de la Biblia contienen al final un índice de temas que nos facilita la localización de un texto cuya cita desconocemos.

- Busca en el índice la palabra «bautismo» y anota las citas que aparecen.

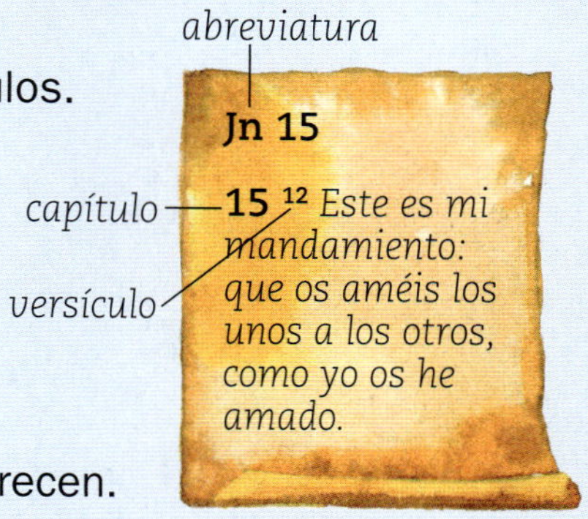

Interpretar un texto

Los libros de la Biblia no son una enciclopedia, ni un manual de Ciencias Naturales, ni una sucesión de noticias. Son textos que nos enseñan quién es Dios y cómo tenemos que vivir para cumplir su voluntad. Estas enseñanzas las tenemos que descubrir a través de relatos, parábolas y ejemplos bíblicos.

- Busca Gn 3, 1-6. ¿Qué nos quiere decir este texto? ¿Qué crees que simboliza el fruto del árbol?

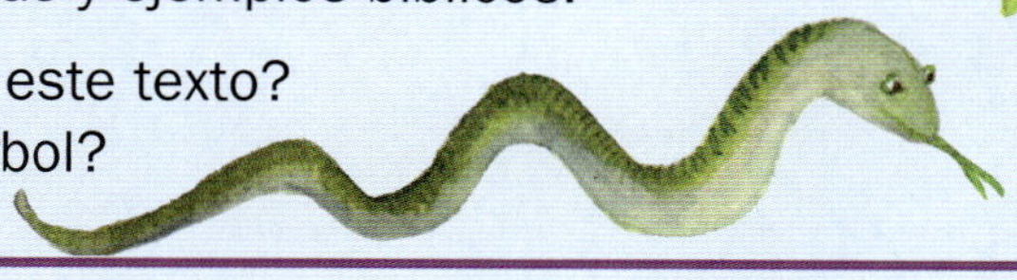

Relacionar textos del Antiguo y el Nuevo Testamento

En tiempos de Jesús y aún más en tiempos anteriores, poca gente sabía leer y escribir; sin embargo, conocían bien el Antiguo Testamento e incluso lo aprendían de memoria. Por ello, en el Nuevo Testamento encontramos numerosas referencias al Antiguo Testamento.

- Busca estas citas y compáralas: Mc 1, 1-3 e Is 40, 3. ¿En qué se parecen una y otra?

Comentar un texto

De todos los textos bíblicos podemos aprender algo. Para ello es necesario comentarlos de forma similar a como lo hacemos con los textos literarios: comprender, dar nuestra opinión, aplicar a nuestra vida…

- Busca este texto: Lc 18, 1-8. ¿Qué clase de texto es? ¿Quiénes son los protagonistas? ¿Qué nos enseña? ¿Lo puedes aplicar a tu vida?

Además, en la Biblia hay también muchos textos que nos sirven para rezar.

- Buscad Sal 117, 1-4 y recitad el salmo entre todos en voz alta.

4 María en el Evangelio

Una mujer especial

Siempre que miro esta foto que reposa en mi mesilla de noche, siento una enorme ternura. Mi madre es una mujer especial. Todas las madres son especiales, es verdad. Pero, para mí, ella es la mejor madre del mundo.

Cuando yo era más pequeño, mi madre encontraba un rato cada noche, después de su jornada de trabajo y de los deberes, los baños y las cenas, para contarme una historia antes de dormir. Para mí, ese era el momento más especial del día. Aquellos cuentos llenaban mi cabeza de hermosas imágenes y yo me sumergía en el más dulce de los sueños.

¿Qué momentos especiales compartes con tu madre?

¿Crees que la vida de tu madre es fácil?

NECESITAMOS SABER

¿Cómo vivía la mujer en tiempos de Jesús?

1 En tiempos de Jesús, la mujer judía vivía **subordinada al hombre**. Durante su infancia y adolescencia estaba bajo la autoridad de su padre, quien elegía al hombre con el que debía casarse. Después quedaba sometida a la autoridad de su marido.

2 Su actividad consistía exclusivamente en el **cuidado de la casa y de los hijos**. Ella era también la encargada de transmitir las creencias y los valores religiosos dentro de la familia.

3 Con el paso del tiempo, la vida de las mujeres ha ido mejorando. En la actualidad, tienen los mismos derechos que los hombres y desarrollan importantes actividades profesionales.

- **¿Crees que en la actualidad la mujer es igual que el hombre en todas las culturas? Explica.**

ENTRE TODOS

Hablamos sobre las mujeres antes y ahora

1. **Imaginad a una mujer judía de la época de Jesús, ponedle un nombre y describid a su familia. Después, contestad a estas preguntas.**

- ¿Qué hace especial a esa mujer?
- ¿Qué actividades que actualmente realizan las mujeres no puede hacer?
- ¿Cómo se siente? ¿Por qué?

Pensad si la vida de la Virgen fue parecida a la que habéis descrito y defended vuestros argumentos.

2. **En pequeños grupos, elegid los cinco adjetivos que describan mejor a una madre y justificad vuestra elección.**

☐ preocupada	☐ trabajadora	☐ alegre	☐ comunicativa	☐ divertida
☐ interesada	☐ exigente	☐ atenta	☐ cariñosa	☐ detallista

Leemos la Biblia
María en el Evangelio

La anunciación

Fue enviado por Dios el ángel Gabriel a una ciudad de Galilea llamada Nazaret, a una virgen prometida con un hombre llamado José, de la casa de David; el nombre de la virgen era María. El ángel entró donde ella estaba y le dijo:

–Dios te salve, María, llena eres de gracia, el Señor está contigo (...). Concebirás a un niño al que pondrás por nombre Jesús. Él será grande y será llamado Hijo del Altísimo.

–¿Cómo sucederá esto, si yo no conozco varón? –preguntó María al ángel.

–El Espíritu Santo vendrá sobre ti y te cubrirá con su sombra. Por eso, el que va a nacer será santo y se llamará Hijo de Dios (...).

María dijo:

–Aquí está la esclava del Señor, hágase en mí según tu palabra.

Lc 1, 26-38

Encuentro de María con Isabel

Cuando Isabel oyó el saludo de María, notó que el niño daba saltos en su seno. Entonces Isabel, llena del Espíritu Santo, exclamó:

–Bendita tú entre las mujeres y bendito el fruto de tu vientre. ¿Cómo es posible que la madre de mi Señor venga a visitarme? (...) ¡Dichosa tú que has creído! Porque lo que te ha dicho el Señor se cumplirá.

Entonces María dijo:

–Mi alma glorifica al Señor y mi espíritu se regocija en Dios, mi Salvador, porque ha mirado la humildad de su sierva.

Lc 1, 41-48

¿QUÉ NOS DICE EL TEXTO?

1. **¿Cómo responde María al anuncio del ángel?**
   - Escribe las palabras del avemaría que fueron pronunciadas por el ángel. ¿Cuáles añadió Isabel?

INVESTIGAMOS

2. **¿Cómo se llamó el hijo de Isabel? ¿Qué papel jugó en la vida de Jesús?**
   Puedes encontrar las respuestas en Lc 1, 57-66 y Mt 3, 13-15.

María fue la madre de Jesús, pero también tuvo que aprender a ser su discípula.

La familia de Jesús

Llegaron su madre y sus hermanos y, desde fuera, mandaron llamar a Jesús. La gente estaba sentada a su alrededor y le dijeron:

–¡Oye! Tu madre, tus hermanos y tus hermanas están fuera y te buscan.

Jesús les respondió:

–¿Quiénes son mi madre y mis hermanos?

Y mirando entonces a los que estaban sentados a su alrededor, añadió:

–Estos son mi madre y mis hermanos. El que cumple la voluntad de Dios, ese es mi hermano, mi hermana y mi madre.

Mc 3, 31-35

¿QUÉ NOS DICE EL TEXTO?

3. ¿Cuál es tu primera impresión al leer el texto?

- ¿Qué te parece la reacción de Jesús?
- ¿Qué imaginas que pensó María al escucharlo?

4. ¿Por qué crees que María tuvo que aprender a ser discípula de su hijo? Razona tu respuesta.

5. Piensa en el sufrimiento de María en los días anteriores y posteriores a la muerte de Jesús.

- ¿Cómo crees que afrontó estos hechos? Elige y razona.

☐ Le resultó fácil, pues sabía que Jesús era el Hijo de Dios y conocía su destino.

☐ Fue difícil para ella, pues era una madre como todas.

Conocemos nuestra fe

María, madre de Jesús

María en el Evangelio

Los evangelistas nos presentan a María como modelo y como madre. Por un lado, María es la mujer que, con su vida, nos muestra que es posible vivir plenamente el Evangelio; por otro, es la mujer que Dios eligió para ser madre de su Hijo y de todos los cristianos.

María aparece en los Evangelios en tres momentos decisivos de la vida de Jesús:

- En los relatos sobre su **nacimiento e infancia**. Se realza la misión de María y de José como padres de Jesús y también el origen divino de este.
- En los **comienzos de su predicación**. Se destaca el papel de María en las bodas de Caná y como discípula de su hijo.
- En los acontecimientos que rodearon su **pasión y muerte**.

Cuando María halló a Jesús en el templo, Él le dijo: «Madre, ¿no sabes que he de ocuparme de las cosas de mi Padre?».

La anunciación, de Fra Angélico (siglo XV).

Dios eligió a María como madre de Jesús

Dios escogió a María para que concibiera en su vientre a su Hijo. Según nos enseñan los Evangelios, la concepción de Jesús tuvo lugar de un modo extraordinario.

Por medio del arcángel Gabriel, Dios anunció a María sus planes y le pidió su colaboración. Tras escuchar la propuesta, María decidió poner su vida al servicio de Dios y respondió con estas palabras: «Aquí está la esclava del Señor, que me suceda según dices».

Dios quiso que María tuviera un esposo que la ayudara a cuidar y a educar a Jesús. Ese hombre fue José, con quien María estaba prometida. Al enterarse de que ella estaba embarazada, José quiso abandonarla, pero entonces Dios le reveló la verdad y le pidió su colaboración. José aceptó libremente ser el padre adoptivo de Jesús.

Los cristianos llaman **Sagrada Familia** a la familia en la que Jesús nació y se crió.

Así es María

Aunque los Evangelios no describen con detalle cómo era María, la tradición de la Iglesia nos transmite una imagen completa de ella como una mujer extraordinaria que llevó a la práctica el Evangelio. Desde sus orígenes, en la Iglesia ha existido una gran devoción a la Virgen.

En María se reconocen estas cualidades:

- **Ama** profundamente a Dios y confía en Él.
- Es **madre** de Jesús y de todos los cristianos.
- Es **fiel** a Jesús y lo acompaña incluso en los dolorosos momentos de su pasión y muerte.
- Forma parte de la primera **comunidad cristiana**, como un discípulo más de Jesús.
- Es **mediadora** entre los cristianos y su hijo, haciéndole llegar nuestras oraciones.
- Tras su **asunción a los Cielos** después de morir, goza eternamente de la presencia de Dios.

María siempre fue fiel a Jesús y no lo abandonó en ningún momento de su vida.

VOCABULARIO

tradición: enseñanzas y escritos aceptados por la Iglesia, que no forman parte de la Biblia.

ACTIVIDADES

1. **Recuerda el anuncio que le hizo el ángel Gabriel a la Virgen y contesta.**
   - ¿Crees que María pudo sentir miedo en ese momento?
   - ¿Cómo reaccionó? ¿Qué crees que la motivó a reaccionar así?
2. **¿A qué personas nos referimos cuando hablamos de la Sagrada Familia?**
3. **Explica cómo contribuyó María a la misión que Dios Padre le había encomendado a Jesús.**
4. **Lee estos pasajes del Evangelio y comenta el papel de María en cada situación.**

   Jn 2, 1-12 | Jn 19, 25-27

5. **Lee las páginas 118 y 119, y explica qué cualidades comparten Rut y la Virgen María.**

María en las fiestas de la Iglesia

La devoción a María ha llenado de fiestas el calendario cristiano. Estas son las principales fiestas marianas, porque en cada una de ellas se celebra uno de los misterios de la Virgen.

La Asunción de Nuestra Señora
15 de agosto

Es la más solemne de las fiestas de la Virgen. Este día, los cristianos celebramos la subida de María en cuerpo y alma al Cielo, y nos alegramos del éxito final de una vida dedicada a cumplir la voluntad de Dios.

Numerosas iglesias están dedicadas a la Asunción, y muchas localidades celebran este día su fiesta patronal.

Inmaculada de Soult, de Murillo (s. XVII).

La Inmaculada Concepción
8 de diciembre

Se celebra desde el siglo VII. En esta fiesta se conmemora que María fue concebida libre de pecado y llena de gracia. Así lo dijo el ángel en la anunciación: «Alégrate, llena de gracia, el Señor es contigo».

María, Madre de Dios
1 de enero

En esta festividad, que la Iglesia celebra desde el siglo VI, se conmemora que María es la madre de Dios.

La Encarnación
25 de marzo

Este día se celebra que María quedó embarazada por la acción del Espíritu Santo. De esta forma, el Hijo de Dios entró a formar parte de la historia de la humanidad.

1. **La Inmaculada Concepción y la Asunción de la Virgen son *dogmas* de la Iglesia. Consulta el diccionario y explica qué significa esta palabra.**

Consulta esta web: *www.champagnat.org* (publicaciones → otros recursos → María en el arte). ¿Qué representación de María es la más frecuente en la pintura?

Los santuarios marianos

La devoción a una determinada imagen de la Virgen ha dado lugar a la construcción de numerosas iglesias erigidas en su honor, que reciben el nombre de santuarios marianos. A ellas acuden cada año miles de peregrinos que confían en María y buscan en ella ayuda y protección.

Los santuarios marianos más visitados son los dedicados a la Virgen de Fátima, en Portugal, y a la Virgen de Lourdes, en el sur de Francia. En España destacan los santuarios de la Virgen de Guadalupe, en Cáceres, y de la Virgen de Covadonga, en Asturias.

Peregrinos en el santuario de Fátima.

2. **Investiga el origen de algún santuario y cuenta su historia.**

El nombre de María

El nombre *María* tiene origen hebreo. En el Antiguo Testamento aparece como *Miriam*.

Aunque no se sabe con seguridad cuál es su significado, se cree que puede proceder de la antigua palabra aramea *mará*, que significa «señor». Según esta etimología, *María* tendría el significado de «señora».

3. **¿Sabes de dónde procede tu nombre? Investiga y explica qué significa.**

La mujer judía

Algunos antiguos ritos y oraciones nos permiten conocer cómo estaba considerada la mujer en la sociedad judía. Un ejemplo lo tenemos en esta bendición:

Bendito eres Tú, rey del universo,
que no me hiciste esclavo.
Bendito eres Tú, Dios y rey nuestro,
que no me hiciste mujer.

Pero también existían leyes judías que protegían a las mujeres:

Cuídate de hacer daño a una mujer
porque Dios cuenta sus lágrimas.
La mujer salió de la costilla del hombre,
no de los pies para ser pisoteada
ni de la cabeza para ser superior;
salió de su costado para ser su igual
y al lado del corazón para ser amada.

4. **¿Cómo veían los hombres judíos a la mujer? Comenta con tus compañeros la bendición de la mañana.**

5. **¿En qué se basaba la ley que defendía a la mujer?**

Actividades finales

COMPROMISO

María confiaba en Dios y, por eso, decidió libremente participar en su plan de salvación. A lo largo de la historia han existido personas que, animadas por su confianza en Dios, han trabajado para construir un mundo más justo y humano.

Una mujer luchadora

Eleanor Roosevelt fue una mujer luchadora y una ferviente defensora de la justicia y la igualdad entre las personas.

Eleanor era tremendamente tímida y también muy religiosa. Se casó con Franklin Delano Roosevelt y tuvo seis hijos. Su marido llegó a la presidencia de Estados Unidos en 1932, en una época en la que las personas de color estaban marginadas y muchas familias vivían en la pobreza. La realidad que la rodeaba y su profunda confianza en Dios hicieron que Eleanor venciera su timidez y empleara todos sus esfuerzos en luchar por los derechos de los negros, las mujeres y los niños, con el fin de conseguir un mundo más justo e igualitario.

Por sus ideas, la ONU la eligió presidenta de la comisión que redactó la Declaración Universal de los Derechos Humanos.

1. Reflexiona sobre este testimonio.

- ¿Qué motivó a Eleanor a defender la igualdad de las personas?
- ¿Cómo contribuyó esta mujer a construir un mundo más justo y humano?

2. Cuenta una ocasión en la que hayas presenciado una situación injusta. ¿Cómo reaccionaste?

- ¿Te consideras una persona justa? Explica.

RINCÓN DE LOS DERECHOS HUMANOS

Artículo 25. La maternidad y la infancia tienen derecho a cuidados y asistencias especiales.

Artículo 16. La familia es el elemento fundamental de la sociedad y tiene derecho a la protección de la sociedad y del Estado.

3. ¿Crees que en la familia se aprenden los valores necesarios para vivir en sociedad? ¿Qué valores has aprendido tú en tu familia?

4. ¿Cómo puede proteger el Estado a las familias? Comenta tu opinión.

MIS CONCLUSIONES

5. **¿Qué diferencias hay entre la vida de la mujer en la época de Jesús y la vida de la mujer actual? Puedes hacer un cuadro como este.**

La mujer hace 2.000 años	La mujer en la actualidad
Estaba bajo la autoridad del hombre.	Es independiente.

6. **Recuerda lo que has escrito sobre la mujer en la actualidad. Lee esta situación y expresa tu opinión.**

Pilar y Esteban trabajan en una tienda. Ambos son excelentes profesionales y, además, unos buenos padres. El dueño de la tienda necesita un encargado y ha pensado en uno de ellos para ese puesto. Finalmente decide nombrar a Esteban, ya que cree que Pilar no podrá volcarse tanto en su trabajo, porque es madre de familia.

7. **Enumera las características que hacen de María una mujer especial.**

8. **Piensa en María y José. ¿Crees que fueron libres para aceptar el plan de Dios? ¿Piensas que para Dios es importante la libertad de las personas? Explica.**

9. **Haz una breve redacción sobre la vida de María en Nazaret. Ilústrala con un dibujo.**

10. **¿Qué fiestas de la Virgen celebra con mayor solemnidad la Iglesia? ¿Qué se conmemora en ellas?**

PARA MI CARPETA. Un mural sobre el *Magnificat*

Formad grupos y volved a leer el canto del *Magnificat*. Después haced un mural en el que reflejéis las ideas que os ha transmitido.

- Discutid qué vais a representar en vuestro mural y cuál será su diseño.
- Reunid los materiales que necesitéis.
- Distribuid el trabajo: buscar las fotografías, hacer los dibujos, escribir los textos...
- Inventad un título bonito para el mural.

5 El nacimiento de la Iglesia

Una historia mil veces contada

Luisma mostró en clase la foto de una antigua casa y relató una historia que su abuelo le había contado:

«Hace más de cien años, un artesano llamado Iván se instaló en el pueblo. Unos dicen que trabajaba la madera y otros, que era herrero. Lo cierto es que cuando acababa su trabajo, aquel hombre se encerraba con sus libros y sus plantas para fabricar perfumes mágicos, que después regalaba a la gente del lugar.

Poco a poco, Iván construyó la Casa de las Salamandras, una casona enorme y misteriosa. Los niños, a escondidas, solían mirar a través de las ventanas para ver cómo hacía los perfumes. Él lo sabía, pero nunca los reprendió, porque le gustaba que participasen de sus secretos.

Dicen que poco antes de morir, el señor Iván cerró la casa con todos sus misterios dentro.

Cuando aquellos niños se hicieron mayores, hablaron a sus hijos y nietos de la Casa de las Salamandras. Y así, aunque nunca nadie las ha llegado a escribir, en el pueblo todavía se cuentan historias del señor Iván».

¿Cómo conoció el abuelo de Luisma esa historia?

¿Qué nombre reciben este tipo de narraciones?

NECESITAMOS SABER

¿Cómo se transmiten los sucesos importantes?

1 Conocemos las grandes noticias de actualidad a través de los **medios de comunicación** escritos (periódicos, revistas, Internet) y audiovisuales (radio, televisión, teléfono móvil).

2 Conocemos los hechos sucedidos hace mucho tiempo por medio de libros y otros **documentos escritos**, además de cuadros, esculturas y grabados.

3 Algunos hechos del pasado lejano nos han llegado a través de la **tradición oral**, gracias a la costumbre de transmitir de padres a hijos las cosas que suceden. Así conocemos muchas historias de los primeros cristianos.

- **¿Crees que los medios de comunicación deben ser fieles a la verdad? Explica.**

ENTRE TODOS

Hablamos sobre las narraciones orales

1. **Recordad narraciones e historias que os han contado. Podéis hacerlo así:**
   - Haced una lista de los cuentos que os contaban vuestros padres o abuelos.
   - Comentad historias que conozcáis sobre personas que hayan hecho cosas interesantes y sean recordadas por ello.
   - Recoged información sobre alguna tradición o leyenda de vuestra localidad que haya permanecido a través del tiempo.

2. **Contad brevemente vuestra biografía.**

   Podéis hablar de dónde y cuándo nacisteis, cuándo aprendisteis a andar, a montar en bicicleta o a nadar, qué personas son importantes para vosotros…

Leemos la Biblia

La Iglesia, nuevo pueblo de Dios

Más de 500 años antes de Cristo, el profeta Jeremías anunció una nueva alianza de Dios con su pueblo. Con la venida del Espíritu Santo sobre los apóstoles nace la Iglesia, el nuevo pueblo de Dios, con el que el Señor sella la nueva alianza.

Anuncio del profeta Jeremías

Esta será la alianza que sellaré con el pueblo de Israel (...), oráculo del Señor: pondré mi ley en su interior; la escribiré en su corazón; yo seré su Dios y ellos serán mi pueblo.

Jr 31, 33

La venida del Espíritu Santo

El día de Pentecostés estaban todos reunidos en el mismo lugar. De repente vino del cielo un ruido semejante a un viento impetuoso, que llenó toda la casa. Entonces aparecieron lenguas como de fuego, que se posaban sobre cada uno de ellos. Todos quedaron llenos del Espíritu Santo y comenzaron a hablar en otras lenguas.

Hch 2, 1-4

VOCABULARIO

oráculo del Señor: expresión que significa «anunciado por Dios a través de una persona»; Palabra de Dios.

¿QUÉ NOS DICE EL TEXTO?

1. **¿Qué es una alianza? ¿Qué significa «sellar una alianza»? Explica.**
   - ¿Has sellado una alianza alguna vez? ¿Para qué fue? ¿Con quién la sellaste? Cuenta tu experiencia.
2. **¿Cuál es la nueva alianza que Dios establece con su pueblo? Contesta con una frase del texto.**
3. **Cuenta cómo fue la venida del Espíritu Santo.**
   - ¿Qué imágenes aparecen en el texto?
   - ¿Qué cambio produjo en los apóstoles la llegada del Espíritu Santo?

Los Hechos de los Apóstoles recogen diferentes relatos sobre los inicios de la Iglesia como nuevo pueblo de Dios. Después de la venida del Espíritu Santo, el apóstol Pedro pronunció estas palabras.

Discurso del apóstol Pedro

Entonces Pedro, en pie con los once, pidió atención y dirigió la palabra al gentío allí reunido:

–Escuchad mis palabras y enteraos bien de lo que pasa. (…) Os hablo de Jesús el Nazareno, el hombre que Dios presentó ante vosotros realizando milagros, signos y prodigios que conocéis. Dios lo resucitó rompiendo las ataduras de la muerte (…) y de ello somos testigos todos nosotros. (…)

Estas palabras les traspasaron el corazón y preguntaron a Pedro y a los demás:

–¿Qué tenemos que hacer, hermanos?

Pedro les contestó:

–Arrepentíos y bautizaos todos en nombre de Jesús para que se os perdonen los pecados, y recibiréis el don del Espíritu Santo. (…)

Los que aceptaron sus palabras se bautizaron, y aquel día se les agregaron unas tres mil personas.

Hch 2, 14-41

¿QUÉ NOS DICE EL TEXTO?

4. **Di cuáles son las ideas principales de este pasaje bíblico.**

5. **¿De dónde crees que Pedro sacó fuerza y conocimiento para pronunciar estas palabras?**

6. **Piensa en la nueva alianza y explica la relación que existe entre las palabras de Jeremías y las del apóstol Pedro.**

7. **En los dos textos se termina hablando del pecado. ¿Qué se dice en cada uno de ellos?**

- ¿Qué nos revelan estas palabras acerca de Dios?

INVESTIGAMOS

8. **En la celebración de la eucaristía se cita la expresión «nueva alianza».**

- ¿En qué momento se cita? ¿Qué se quiere expresar?

Conocemos nuestra fe

El nacimiento de la Iglesia

La Iglesia es obra de Jesús

El origen de la Iglesia está en Jesucristo, en sus enseñanzas y en los acontecimientos de su vida, especialmente en su muerte y resurrección.

En los últimos años, Jesús compartió su vida con los discípulos más cercanos y los preparó para que colaboraran en su misión de **extender el reino de Dios.**

- Como buen maestro, les explicó el significado de sus enseñanzas.
- Permitió que fueran testigos de sus milagros y de otros hechos excepcionales.
- Los invitó a vivir unidos y a amarse los unos a los otros.
- Compartió con ellos su última cena, en la que instauró la eucaristía y les pidió que hiciesen lo mismo en memoria suya.

Jesús explicó a sus discípulos el significado de sus enseñanzas.

VOCABULARIO

Pentecostés: en griego, «día cincuenta». Se refiere al tiempo transcurrido entre la resurrección de Jesús y la venida del Espíritu Santo.

martirio: sufrimiento que padece una persona a causa de su fe o sus ideas.

La misión de los apóstoles

En diferentes ocasiones, Jesús encomendó a sus apóstoles la misión de **anunciar el Evangelio**, no solo en Israel, sino también a las gentes de todos los lugares del mundo. Jesús les pidió que hiciesen discípulos a todos los pueblos, bautizándolos en el nombre del Padre, del Hijo y del Espíritu Santo.

Antes de recibir el Espíritu Santo, los apóstoles no se sentían con fuerzas ni sabiduría para realizar la misión que Jesús les había encomendado. El día de Pentecostés, el Espíritu Santo descendió sobre ellos y les infundió **sabiduría** para explicar el misterio de Jesús muerto y resucitado, y **fuerza** para hacer frente a las injurias y persecuciones que sufrieron por esta causa.

Después de Pentecostés, los apóstoles comenzaron a predicar y cada uno los escuchaba en su propia lengua.

El Coliseo de Roma (siglo I). Los cristianos fueron perseguidos por orden de los emperadores romanos y en algunas ocasiones fueron arrojados a las fieras.

La expansión de la Iglesia

Los apóstoles comenzaron a predicar por distintos lugares. Algunos llegaron incluso a trasladarse a tierras muy alejadas de Palestina. Con la predicación de los apóstoles surgieron las **primeras comunidades cristianas** y así empezó a formarse la Iglesia.

En los primeros momentos, los cristianos fueron perseguidos en numerosos territorios del Imperio romano. Por esta razón, durante mucho tiempo tuvieron que reunirse a escondidas para rezar, compartir sus bienes y celebrar la eucaristía en memoria de Jesús. Pese a ello, muchos cristianos fueron apresados y llevados al martirio por motivo de su fe.

Con el tiempo, el número de comunidades cristianas fue aumentando y pronto se extendieron por todo el mundo. Así surgió la **Iglesia universal**.

ACTIVIDADES

1. Contesta en tu cuaderno.

- ¿Qué misión les encomendó Jesús a los apóstoles?
- ¿Cómo preparó Jesús a los apóstoles para esta misión?
- ¿Piensas que fue fácil para los apóstoles realizar esa tarea? ¿Por qué?
- ¿Qué ayuda recibieron los apóstoles para realizar su misión?

2. Explica cómo nació la Iglesia universal.

3. Define los dos significados de la palabra *iglesia*.

4. ¿Qué cualidades necesita un buen discípulo en la actualidad para anunciar el Evangelio? Enuméralas.

INVESTIGAMOS

5. Lee la afirmación que hacemos en el credo y explica el significado de cada palabra.

La Iglesia es ***una***, ***santa***, ***católica*** y ***apostólica***.

Por ejemplo: Católica *significa «universal». La Iglesia es católica porque da a conocer el mensaje de Jesús por todo el mundo y acoge a todas las personas que quieren seguirlo.*

Los primeros tiempos de la Iglesia

Algunos apóstoles, como san Pedro y san Pablo, desempeñaron un papel esencial en las primeras comunidades cristianas y en la propagación del cristianismo.

Pedro, la cabeza de la Iglesia

Entre los doce apóstoles, Jesús eligió a Pedro para asignarle una misión especial. Sobre él, Jesús edificó su Iglesia. Pedro asumió el encargo de alentar a los discípulos para que su fe no decayera y se convirtió en el primer Papa de la Iglesia.

Pablo, misionero incansable

Saulo de Tarso fue un ciudadano romano que persiguió con dureza a los primeros cristianos. En uno de sus viajes, tuvo una visión de Jesús y se convirtió al cristianismo. Desde entonces dedicó su vida a la propagación de la fe cristiana.

Sus cartas a las primeras comunidades cristianas están recogidas en el Nuevo Testamento.

El apóstol Santiago

Fue uno de los primeros seguidores de Jesús. Una antigua tradición, que carece de fundamento histórico, dice que Santiago viajó a España a predicar el Evangelio. Después volvió a Palestina, donde murió martirizado.

1. **¿Por qué crees que san Pedro y san Pablo son tan importantes para la Iglesia?**

2. **¿Qué ciudades españolas están especialmente vinculadas al apóstol Santiago?**

Consulta la web *www.webcatolicodejavier.org/santiago.html* y descúbrelo.

3. **Lee las páginas 122 y 123, y comenta el papel de san Esteban en los orígenes de la Iglesia.**

Catedral de Santiago de Compostela. A ella acuden cada año miles de peregrinos.

El Imperio romano

En tiempos de Jesús, Palestina estaba bajo la autoridad del emperador de Roma. El Imperio romano ocupaba entonces un extenso territorio alrededor del mar Mediterráneo.

Los romanos persiguieron a los cristianos hasta el siglo IV. En esa época, un edicto del emperador Constantino dio libertad a los cristianos para profesar su religión en todos los territorios del Imperio.

4. ¿España formó parte de este Imperio?

- ¿Qué herencia nos dejaron los romanos?

Las catacumbas

En los inicios de la Iglesia no se respetaba la fe de los seguidores de Jesús. Las catacumbas eran galerías subterráneas donde los primeros cristianos enterraban a sus muertos. En tiempos de persecución se escondían allí para celebrar la eucaristía. En Roma, aún se pueden visitar las principales catacumbas.

5. ¿Conoces alguna situación actual en la que no se respete a alguien por practicar su religión?

La comunidad de Antioquía

Algunos de los discípulos de Jesús fueron perseguidos y huyeron desde Palestina hasta la ciudad griega de Antioquía, donde anunciaron el Evangelio. Fue allí donde comenzó a llamárseles cristianos. *Cristo,* en griego, significa «mesías».

6. ¿Qué significan estos símbolos de los primeros cristianos?

En la web *www.primeroscristianos.com* puedes consultar el significado de los símbolos.

Actividades finales

COMPROMISO

A partir de Pentecostés, los discípulos de Jesús se extendieron por el mundo formando una sola Iglesia. Seis siglos después, empezaron a surgir diferencias entre los cristianos, y la Iglesia se dividió. Desde hace años, muchas personas trabajan para conseguir la unidad de todos los cristianos.

Una reconciliación deseada

Era enero de 1964 y el papa Pablo VI llegaba a Tierra Santa para encontrarse con Atenágoras, el patriarca de la Iglesia ortodoxa. Se sentía nervioso y emocionado. Los cristianos llevaban demasiados años separados y era el momento de iniciar la reconciliación.

Atenágoras también se mostraba esperanzado y recibió al Papa con los brazos abiertos. Charlaron durante largo tiempo y se comprometieron a olvidar el pasado para iniciar un diálogo que les permitiera vencer sus diferencias. La reunión terminó con un gran abrazo. Era la primera vez en mil años que la Iglesia ortodoxa y la Iglesia católica dejaban a un lado sus discrepancias y se unían al servicio del Evangelio.

1. Reflexiona sobre este testimonio.

- ¿Por qué Pablo VI y Atenágoras consideraban tan importante la unión de todos los cristianos?
- ¿Cuál crees que es el camino para conseguir esta unión?
- ¿Sabes cómo se llama el movimiento que promueve la unidad entre todas las Iglesias cristianas?

concilio | ecumenismo | cónclave

2. ¿Conoces a alguien que profese otra religión? Explica de qué religión se trata y en qué se diferencia de la nuestra.

- Cuando te habla de su religión, ¿reaccionas con curiosidad y respeto o con indiferencia?

RINCÓN DE LOS DERECHOS HUMANOS

Artículo 18. Toda persona tiene derecho a la libertad de pensamiento, de conciencia y de religión. Este derecho incluye la libertad de manifestar su religión individual y colectivamente.

3. ¿Crees que actualmente todas las personas son libres para manifestar sus creencias religiosas?

MIS CONCLUSIONES

4. **Explica el significado de la nueva alianza anunciada por los profetas.**

5. **Piensa en los orígenes de la Iglesia y contesta en tu cuaderno.**

- ¿En qué libro de la Biblia podemos encontrar información sobre este hecho?
- ¿Qué personas destacaron en el nacimiento de la Iglesia? ¿Por qué son un ejemplo hoy para los cristianos?
- ¿Por qué fueron difíciles los primeros tiempos de la Iglesia?

6. **Escribe unas líneas acerca de cuál es la misión de un cristiano en el mundo actual.**

7. **¿Cómo pueden contribuir los medios de comunicación a difundir las enseñanzas de Jesús?**

8. **Piensa y explica por qué Jesús recibe también este nombre.**

Jesucristo

9. **Lee Mc 16, 14-18 y contesta.**

- ¿Qué palabras utiliza Jesús para dar el mandato de predicar el Evangelio?
- ¿Qué les sucederá a los que creen? ¿Qué signos los acompañarán?

Aparición de Cristo, de Buoninsegna (s. XIII).

PARA MI CARPETA. Una carta a san Pablo

Imagina que formas parte de una pequeña comunidad cristiana fundada por san Pablo. Escríbele una carta explicándole cómo van las cosas.

- Piensa qué le vas a contar: cómo ha aumentado el número de cristianos de la comunidad, qué actividades realizáis, qué problemas tenéis, qué asuntos os preocupan…
- Decide si el tono de tu carta será formal o coloquial.
- Puedes escribir la carta a mano o en el ordenador, como si fueses a enviar un correo electrónico.

6 La Iglesia, comunidad de amor

El afán de cada día

Eran las seis de la mañana y un alegre griterío lo despertó. Apenas abrió los ojos, vio el techo de paja y recordó dónde se encontraba. Por la puerta de la choza asomaban las caritas de los niños reclamando su atención. Desde que había llegado a la misión, Sergio acostumbraba a dedicarles un tiempo antes de empezar su jornada.

A las ocho se dirigió a la leprosería. El día fue duro e intenso: curó a los enfermos, ayudó a comer a los que habían perdido sus manos, cargó con los que no podían apoyarse sobre sus pies... y hasta empleó los pocos minutos que tenía para almorzar en escuchar a todas esas personas necesitadas de cariño.

Al atardecer, se sentía agotado... ¡Y aún tenía que repartir la cena entre los enfermos! Durante unos segundos, Sergio apoyó su espalda en un árbol y se dejó caer al suelo. Por su cabeza pasaron las imágenes de aquel día y, con una sonrisa, se levantó para continuar su trabajo. Nunca su esfuerzo había merecido tanto la pena.

¿Crees que es fácil la tarea de Sergio en la misión?

¿Qué le da fuerzas para continuar trabajando con una sonrisa?

NECESITAMOS SABER

¿Qué personas sufren marginación?

1 Desde hace muchísimo tiempo, los leprosos han sido marginados y aislados de la sociedad. De esta forma se pretendía proteger a otras personas del contagio de la enfermedad. Actualmente, en el mundo hay más de 500.000 enfermos de **lepra**.

2 Muchas personas desconocen que existen medidas de prevención que evitan el contagio de enfermedades graves como el **sida**, la malaria o la tuberculosis. Por ello, estos enfermos sufren marginación.

3 A lo largo de la historia, algunas personas también se han visto marginadas por otras causas: tener una **cultura** o una **religión** diferente, ser inmigrantes, tener una discapacidad...

- **¿Crees que es justo que algunos enfermos sufran marginación? Comenta.**

ENTRE TODOS

Hablamos sobre la atención a los marginados

1. Comentad situaciones concretas de ayuda a las personas marginadas.

Primero, preguntad a vuestros familiares o buscad en Internet instituciones o asociaciones que ayuden a estas personas. Por ejemplo:

- Centros de acogida
- Comedores para indigentes
- Colegios para discapacitados
- Hospitales para enfermos contagiosos

Después, contestad a estas preguntas.

- ¿Qué necesidades se intentan cubrir en cada uno de esos lugares?
- ¿Qué labor realizan las personas que trabajan allí?
- ¿Cómo te sentirías si fueras un enfermo o persona necesitada que acude a ese lugar? ¿Qué harías para agradecer la ayuda que te prestan?

Leemos la Biblia

La Iglesia, comunidad de amor

Jesús muestra con su ejemplo cómo la Iglesia debe acoger a todas las personas, especialmente a las más desfavorecidas.

La elección de Mateo

Cuando se marchaba de allí, vio Jesús a un hombre que se llamaba Mateo sentado en la oficina de impuestos, y le dijo:

–Sígueme.

Él se levantó y lo siguió.

Después, mientras Jesús estaba sentado a la mesa en casa de Mateo, muchos publicanos y pecadores vinieron y se sentaron con Él y sus discípulos.

Al verlo, los fariseos preguntaban a los discípulos:

–¿Por qué come vuestro maestro con publicanos y pecadores?

Jesús lo oyó y les dijo:

–No necesitan médico los sanos, sino los enfermos. Entended lo que significa: misericordia quiero y no sacrificios; yo no he venido a llamar a los justos sino a los pecadores.

Mt 9, 9-13

VOCABULARIO

publicanos: encargados de cobrar los impuestos.

¿QUÉ NOS DICE EL TEXTO?

1. **Mateo era cobrador de impuestos. En tiempos de Jesús, estas personas estaban marginadas, porque se consideraban impuras. Reflexiona y contesta.**
   - ¿Qué opinas acerca de que Jesús eligiese a Mateo como discípulo?
   - ¿Qué te parece la reacción de los fariseos al verlo comer con los pecadores?
   - ¿Qué compromiso supone para la Iglesia la actuación de Jesús?
2. **Piensa en la reacción de tu grupo de amigos si se uniese a vosotros alguien diferente a los demás.**
   - ¿Sería bien acogido? ¿Surgirían dificultades con alguien de la pandilla?

San Pablo recoge las enseñanzas de Jesús e invita a las nuevas comunidades cristianas a que el mandamiento del amor sea una realidad entre ellos.

Carta del apóstol Pablo

Que vuestro amor no sea una farsa; detestad lo malo y abrazaos a lo bueno. Amaos de verdad unos a otros como hermanos y rivalizad en la mutua estima. No seáis perezosos para el esfuerzo; manteneos fervientes en el espíritu y prontos para el servicio del Señor.

Vivid alegres por la esperanza, sed pacientes en la tribulación y perseverantes en la oración. Compartid la hospitalidad. Bendecid a los que os persiguen; bendecid y no maldigáis.

Alegraos con los que se alegran; llorad con los que lloran. Vivid en armonía unos con otros y no seáis altivos, antes bien, poneos al nivel de los sencillos. Y no seáis autosuficientes.

Rom 12, 9-16

VOCABULARIO

fervientes: apasionados.

tribulación: dificultad.

perseverantes: constantes.

¿QUÉ NOS DICE EL TEXTO?

3. **Consulta el diccionario y explica el significado de las palabras *farsa*, *altivos* y *autosuficientes* en la carta de san Pablo.**

4. **San Pablo nos invita a que nuestro amor no sea una farsa y a que nos amemos de verdad. ¿Por qué crees que insiste en ello?**

5. **¿Qué implicaciones tienen las palabras de san Pablo en la vida de la Iglesia?**

6. **Comenta el significado de esta frase del texto y contesta.**

   Bendecid a los que os persiguen.

   - ¿Has hecho esto alguna vez? ¿Lo has visto hacer a alguien? Describe la situación.

7. **¿Exigen esfuerzo las indicaciones de san Pablo? ¿Cómo puede ayudarnos la oración?**

8. **Lee esta frase y reflexiona sobre ella.**

   Las alegrías compartidas se multiplican por dos y las penas compartidas se dividen por dos.

   - ¿Con qué parte del texto de san Pablo se relaciona? ¿Has vivido algo semejante?

Conocemos nuestra fe

La misión de la Iglesia

La Iglesia hace presente la acción salvadora de Jesús

Jesús fundó la Iglesia y encargó a los apóstoles y a sus sucesores la misión de hacerla crecer y mantenerla siempre unida a Él. Todos los cristianos estamos unidos a Cristo, y con Él formamos la Iglesia. La Iglesia es una comunidad de salvación y constituye el cuerpo místico de Cristo, siendo Él su cabeza.

La Iglesia predica la buena noticia del Evangelio y administra los sacramentos en nombre de Jesucristo. Las acciones que la Iglesia realiza son acciones de Jesús; así, cuando la Iglesia bautiza es Jesús quien bautiza, cuando la Iglesia perdona los pecados es Jesús el que perdona, y cuando la Iglesia nos congrega en la eucaristía es Jesús el que nos congrega.

El misterio de la Iglesia según el catecismo

787. Jesús asoció a sus discípulos a su vida y les reveló el misterio del reino; les dio parte en su misión y alegría. Pero Jesús habla de una comunión más íntima entre Él y sus seguidores: «Yo soy la vid y vosotros los sarmientos. El que permanece en mí como yo en él dará muchos frutos».

788. Cuando los discípulos fueron privados de su presencia visible, Jesús (...) les prometió quedarse con ellos hasta el fin de los tiempos y les envió su Espíritu. Así, la comunión con Jesús se hizo más intensa.

Algunas religiosas viven en monasterios y dedican su vida al trabajo y a la oración.

La organización de la Iglesia

Jesús quiso que la Iglesia estuviera al servicio de los hombres y mujeres, para que descubrieran la presencia de Dios y pudieran ayudarse los unos a los otros. Para llevar a la práctica la misión de servicio, los miembros de la Iglesia forman grupos con carismas y funciones diferentes:

- **Los obispos** y **los sacerdotes** guían a los cristianos como pueblo de Dios e imparten los sacramentos. Este modo de servir les viene dado por el sacramento del orden sacerdotal.
- **Los religiosos y religiosas,** al igual que Jesús, entregan su vida al servicio de los demás. Ellos llegan a todos los lugares del mundo para atender las necesidades de los más desfavorecidos.
- **Los laicos** viven al servicio del Evangelio de formas distintas: a través de la familia, donde se educa a los hijos en valores que fomentan la convivencia; a través del trabajo, que conduce al progreso y al bienestar, y mediante su participación en las actividades de la Iglesia.

La Iglesia al servicio de la humanidad

Jesús se refirió con frecuencia al deber de servir a los demás y Él mismo dio ejemplo permanente de servicio a sus discípulos. La Iglesia cuenta con diversas instituciones que trabajan para construir un mundo mejor:

- La **asistencia social** a los pobres y marginados se lleva a cabo desde Cáritas. También existen otras instituciones que cuentan con albergues y residencias para ancianos, huérfanos y personas abandonadas.
- La **atención sanitaria** se desarrolla en hospitales y clínicas, y la **labor educativa**, en colegios y universidades.
- La **ayuda al desarrollo**, para mejorar la calidad de vida en los países pobres, se realiza desde Manos Unidas y otras ONG.
- En los lugares más desfavorecidos de la Tierra, miles de **misioneros y misioneras** trabajan para superar la pobreza, el hambre y la injusticia.

VOCABULARIO

carismas: dones que Dios da a las personas para que los pongan al servicio de los demás.

Gracias a los donativos que recauda en sus campañas, Manos Unidas pone en marcha proyectos para intentar terminar con el hambre en el mundo.

ACTIVIDADES

1. **Escribe tres cosas que hace la Iglesia en las que se manifiesta la acción salvadora de Jesús.**
2. **Explica cómo sirve la Iglesia a los hombres y mujeres.**
   - ¿Qué ejemplos dio Jesús a sus discípulos para enseñarles a servir a los demás?
3. **Contesta en tu cuaderno.**
   - ¿Cómo contribuyen los religiosos y religiosas al crecimiento de la Iglesia universal?
   - ¿Qué papel tienen los laicos dentro de la Iglesia?
   - ¿Cuál es la misión de los obispos y sacerdotes?

Cáritas

INVESTIGAMOS

Elige una institución de la Iglesia (Cáritas, Manos Unidas, Intermón...) y escribe un breve informe. En la web *www.guiaongs.org* puedes encontrar información.

Reportaje

Iglesias de diferentes épocas y estilos

Las iglesias son la casa de Dios y el lugar de reunión de la comunidad cristiana. Esta idea ha inspirado a artistas de todos los tiempos para crear bellos templos con estilos muy diferentes.

Los primeros templos

Imitaban a las basílicas romanas, con planta rectangular y columnatas orientadas hacia el altar. El interior estaba decorado con mosaicos.

San Julián de los Prados (Oviedo, s. IX).

Las iglesias románicas

Este estilo artístico se inició en los monasterios medievales.

La planta de la iglesia tiene forma de cruz, los muros son gruesos y las ventanas estrechas. El interior oscuro y sin apenas decoración invita al recogimiento y la oración.

San Martín de Frómista (Palencia, s. XI).

Los templos góticos

Tienen gran altura y un bello trabajo de relieves esculpidos sobre piedra. Las esbeltas columnas del interior soportan altas bóvedas que simbolizan el Cielo. Multitud de vidrieras llenan el templo de luz multicolor.

Catedral de Burgos (s. XIII).

1. **¿Cuál es la iglesia más importante de tu localidad? ¿A cuál de estos templos se parece?**
2. **¿Qué tipo de templo te invita más a la oración? Explica.**

Las iglesias barrocas

Comenzaron a construirse en el siglo XVI. Su decoración es muy recargada, pues se quería reflejar la grandeza de Dios y ofrecer el lugar más hermoso para su culto.

4

Cartuja Vieja (Granada, s. XVII).

Los templos actuales

Se construyen en una gran variedad de estilos que intentan plasmar su carácter sagrado.

5

Nuestra Señora de Guadalupe (Madrid, s. XX).

Elementos artísticos de un templo

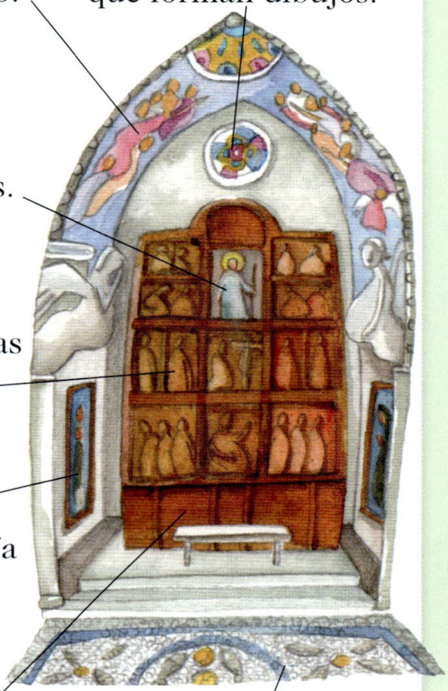

Hospitales benéficos

La Iglesia ha socorrido siempre a los necesitados. Con los donativos de los cristianos, a partir de la Edad Media se construyeron numerosos hospitales benéficos.

Hospital de Santiago (Úbeda, s. XVI).

Actividades finales

COMPROMISO

Jesús puso su Iglesia al servicio de los hombres y mujeres para que se ayudaran unos a otros. Con este fin, muchas personas dedican parte de su tiempo a intentar aliviar las miserias de los más necesitados.

Un joven comprometido

Juan tiene 29 años y forma parte de un grupo de personas que viaja cada verano a Mauritania, un país de África, para colaborar en un proyecto de mejora de viviendas. Él es voluntario y no recibe dinero a cambio de su trabajo.

El verano pasado, Juan estuvo instalando tuberías para llevar agua hasta un poblado de más de 1.800 habitantes. ¡Muchos de ellos no habían visto jamás un grifo!

Cuando se le pregunta a Juan qué le mueve a hacer esta labor, su respuesta es bien sencilla: ¡la satisfacción de ver sus caras!

1. **Reflexiona sobre este testimonio.**

- ¿Qué inconvenientes puede tener el trabajo voluntario? Piensa en estos aspectos.

familia y amigos | riesgos para la vida | compensación económica

- ¿Cómo crees que ven los habitantes del poblado a las personas que acuden a ayudarlos?
- ¿Qué mueve a personas como Juan a ser voluntarios? ¿Qué consiguen con ello?

2. **Imagina que tu colegio va a colaborar durante este curso en un proyecto para crear una escuela en un país de África. ¿Cómo podrías participar tú?**

RINCÓN DE LOS DERECHOS HUMANOS

Artículo 27. Toda persona tiene derecho a tomar parte en la vida cultural de la comunidad y a gozar de las artes.

3. **¿Hay en tu casa o en casa de tus abuelos algún cuadro o imagen religiosa? ¿Qué representa? ¿Por qué está allí?**

4. **Describe una iglesia o una imagen religiosa que te guste especialmente.**

MIS CONCLUSIONES

5. **Explica el significado de estas palabras.**

✓ carisma ✓ laico ✓ misionero

6. **¿Quiénes realizan estas funciones dentro de la Iglesia? Completa el esquema en tu cuaderno.**

Miembros de la Iglesia

...	...	...
Transmiten el Evangelio dentro de la familia.	Guían a los cristianos e imparten los sacramentos.	Dedican su vida a la oración y a servir a los demás.

7. **¿Por qué decimos que la Iglesia es una comunidad de amor?**

- Describe cómo sería vuestro barrio, pueblo o ciudad si todos formásemos una comunidad de amor.

8. **¿Es fácil vivir entregado a los demás? Explica.**

9. **Haz una lista de organizaciones que ayuden a los más necesitados. ¿Cuáles de ellas pertenecen a la Iglesia?**

- Nombra una campaña de solidaridad que se celebre en tu parroquia y comenta si participas en ella.

10. **Lee las páginas 128 y 129 y explica cómo pone en práctica Teresa de Calcuta el mandamiento del amor.**

PARA MI CARPETA. El plano de una iglesia

Dibuja el plano de una iglesia en una hoja cuadriculada.

- Piensa en los espacios que tendrá la iglesia: altar, zona para los fieles, capilla bautismal, sacristía, salones parroquiales...
- Decide qué forma tendrá la planta de la iglesia (rectangular, forma de cruz...) y distribuye los espacios.

Si quieres, puedes acompañar el plano con un dibujo del exterior de tu iglesia.

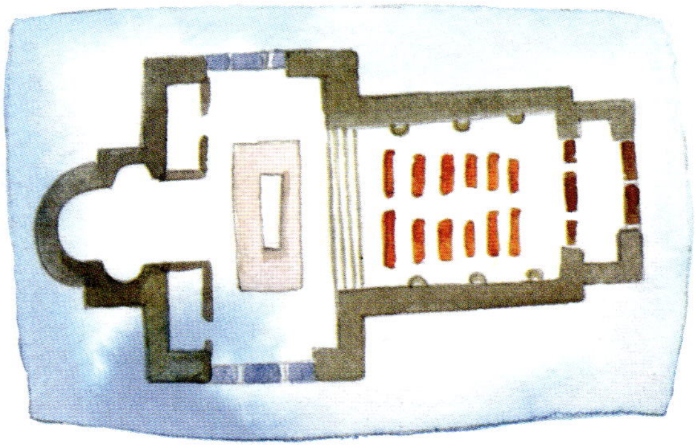

Taller de las religiones

Las religiones de la Antigüedad

Desde el principio de su existencia, los seres humanos han necesitado la religión. En tiempos pasados, las creencias y las formas de culto no se parecían a las actuales, pero la religión respondía básicamente a las mismas preocupaciones.

Conocemos las religiones de la Antigüedad gracias al estudio de restos arqueológicos, como las inscripciones, los enterramientos o las estatuillas de dioses, y también a través de algunos escritos pertenecientes a culturas posteriores.

Para estudiar las religiones de la Antigüedad nos centramos en estos aspectos:

- **El espacio y el tiempo** donde se practicaron: la lengua, la forma de pensar, la organización social, el arte…
- **Las creencias:** los dioses, el sentido de la vida, la vida después de la muerte, la práctica religiosa…
- **El culto**: los templos, las imágenes, los ritos y ceremonias, los sacerdotes…
- **Los textos religiosos:** mitos y tradiciones, libros sagrados…

Las primeras grandes religiones del mundo occidental surgieron en torno al Mediterráneo, casi siempre en el seno de poderosos imperios, que se fueron sucediendo a lo largo del tiempo.

La religión en Mesopotamia

Mesopotamia ocupaba el espacio actual de Irak, en torno a los ríos Tigris y Eúfrates. Este imperio tuvo su mayor esplendor hace más de cuatro mil años.

En Mesopotamia se desarrolló una gran civilización. Allí se inició un sistema de **escritura** llamado **cuneiforme**.

Adoraban a muchos **dioses** relacionados con las fuerzas de la naturaleza, como el **Sol** (Shamash) o la **Luna** (Sin). Creían en la vida después de la muerte.

Ofrecían sacrificios a sus dioses en los **zigurats,** templos con forma de pirámide que tenían largas rampas.

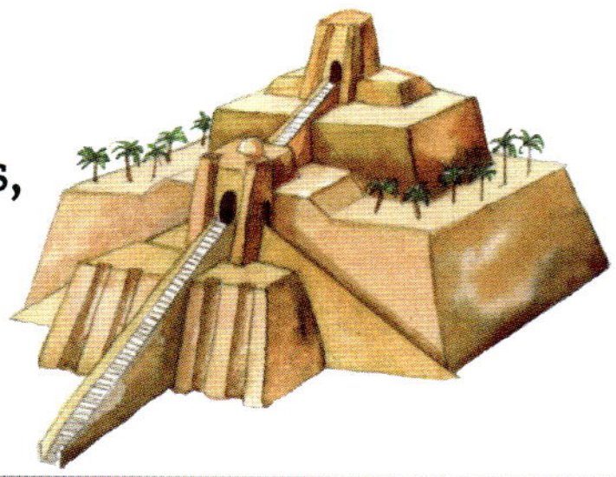

Los **sacerdotes** eran considerados magos y formaban una clase muy poderosa.

Se transmitían **mitos** de forma oral para explicar los misterios de la creación.

La religión en el antiguo Egipto

El Imperio egipcio se extendía por los actuales territorios de Egipto y Sudán. Fue una gran civilización que duró más de cinco mil años y tuvo mucha influencia en otras culturas.

En torno al río Nilo, la civilización egipcia alcanzó un gran desarrollo en todos los campos del saber. Utilizaron la **escritura jeroglífica**, basada en dibujos que representaban ideas.

Fueron **politeístas**, excepto en un periodo en el que creyeron en un solo dios. Generalmente, los dioses eran representados con cuerpo de hombre y cabeza de animal. Los más importantes fueron **Osiris** y **Amón-Ra**.

Creían en la vida después de la muerte y momificaban a los muertos. Edificaron grandes templos y tumbas llamadas **pirámides,** donde eran enterrados los faraones.

Atribuían al **faraón** poderes divinos y le daban culto. La clase sacerdotal era muy poderosa.

Tenían muchos **mitos** sobre la vida posterior a la muerte.

La religión en Grecia y Roma

Grecia y Roma fueron dos grandes civilizaciones que se extendieron por territorios próximos al Mediterráneo. El Imperio romano fue el más extenso de la Antigüedad.

La civilización griega alcanzó su esplendor en el siglo V a.C. y la romana, a partir del siglo II a.C. En Grecia nació la **democracia**.

La literatura, la ciencia, la política, las artes y la religión tuvieron un gran desarrollo.

Los griegos y los romanos construyeron bellos **templos** donde adoraban la imagen de un dios. Los griegos también acudían al templo para consultar el futuro al **oráculo**.

Entre los romanos, el **emperador** tenía carácter divino. El culto era dirigido por los sacerdotes. Algunas sacerdotisas recibían el nombre de **vestales**.

Ni griegos ni romanos tuvieron libros sagrados. Existían muchos **mitos** que se transmitían oralmente y por escrito.

La religión griega era **politeísta**. Los dioses se representaban con forma humana, aunque eran inmortales. El más importante era **Zeus**.

Los romanos adoptaron los dioses griegos y les cambiaron los nombres. El dios principal fue llamado **Júpiter**.

La religión en el antiguo Israel

Israel fue un pequeño estado, no un gran imperio, pero su religión se ha mantenido viva hasta la actualidad. En el marco de la religión del antiguo Israel nació el cristianismo.

El pueblo de Israel y su religión tuvieron su origen en **Abrahán**, que fue elegido por Dios para ser padre de un gran pueblo. Esto sucedió aproximadamente en el año 1800 a.C.

La religión de Israel, llamada **judaísmo**, es **monoteísta**. Creen en un solo Dios, principio y fin del mundo y de la vida. La religión judía prohíbe representar la imagen de Dios y pronunciar su nombre.

El libro sagrado es la **Torá,** que forma parte del Antiguo Testamento. En el templo de Jerusalén y en las **sinagogas** se enseñaban los libros sagrados.

¿Qué sabes sobre las antiguas religiones?

La cultura

1. Observa el mapa de la página 72 y relaciona.

Religión egipcia ✗	✗ Asia
Religión romana ✗	✗ África
Religión mesopotámica ✗	✗ Europa

2. Consulta la clave y resuelve este jeroglífico.

E =  A =  O =  L = 

T =  R =  K =  P = 

Las creencias

3. ¿Qué religiones son monoteístas?

☐ Judaísmo. ☐ Religión egipcia. ☐ Cristianismo. ☐ Religión griega.

4. Descubre en qué aspectos coinciden todas las religiones.

El culto

5. Dos religiones de la Antigüedad construyeron edificios en forma de pirámide. ¿Qué religiones eran? ¿En qué se diferenciaban estas construcciones?

6. ¿Qué diferencias hay entre el culto de los griegos y el de los romanos?

7. ¿En qué religiones de la Antigüedad se rendía culto a la persona que gobernaba?

Los textos

8. Lee estos textos y di a qué religión corresponde cada uno.

a. Al principio, Ra se dio vida a sí mismo. Sintiéndose solo, Ra escupió y dio vida a Shan, dios del aire, y a Tefner, diosa de la humedad. De las lágrimas de Ra surgieron los primeros seres humanos.

b. El general Didacles, antes de comenzar la batalla, acudió al templo de Zeus para que el oráculo le anunciase la voluntad de los dioses.

7 Sacramentos de vida

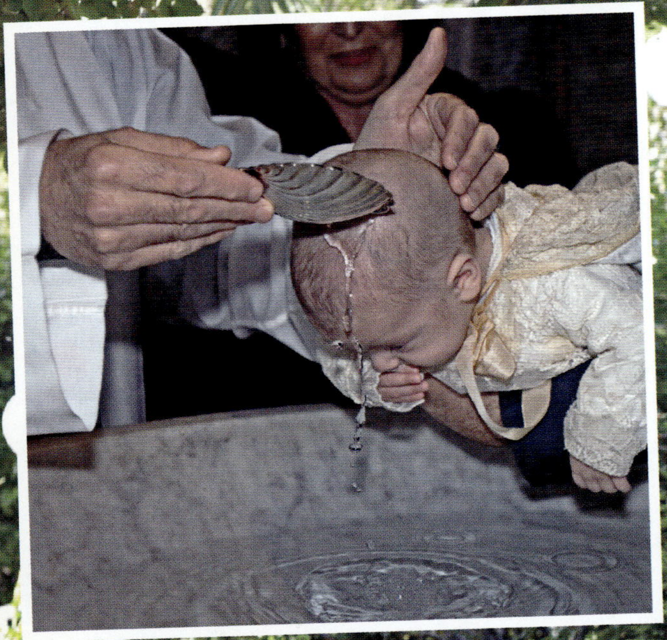

Una gran fiesta

Hoy se celebra una fiesta familiar. Están Juan y Carmen con sus hijos, Ignacio, Isabel y Luis, el pequeñín; el tío Pedro y la tía Ana, que han viajado desde muy lejos; los abuelos, los primos y muchos amigos... ¡No ha faltado nadie!

Isabel ha ayudado a sus padres a organizarlo todo: el lugar, la lista de invitados, la comida, los recuerdos, los juegos... Han trabajado mucho, pero ha merecido la pena. ¡La fiesta está siendo un éxito!

¿Y cuál es el motivo de esta celebración? Pues nada menos que el bautizo de Luis. Juan y Carmen saben lo que significa este sacramento y han querido compartirlo con todos sus seres queridos.

¿Qué cosas hay que tener en cuenta para preparar una fiesta?

¿Has estado en la celebración de algún bautizo? ¿Cómo fue?

NECESITAMOS SABER

¿Qué son los sacramentos?

1 Los sacramentos son **signos** instituidos por Jesucristo, que nos transmiten la gracia de Dios.

2 La Iglesia católica reconoce **siete sacramentos**. Tres de ellos son de **iniciación en la fe**: el bautismo, la confirmación y la eucaristía; dos son de **curación**: la penitencia y la unción de los enfermos, y otros dos son de **servicio a la comunidad**: el orden sacerdotal y el matrimonio.

3 Todos los sacramentos son importantes, pero la **eucaristía** es el principal, porque es el centro de la vida cristiana y da sentido a todo lo que un cristiano hace y dice.

- **¿Qué sacramentos se suelen celebrar acompañados de una fiesta familiar?**

ENTRE TODOS

Hablamos sobre la celebración de los sacramentos

1. Trabajad en pequeños grupos a partir de vuestra experiencia. Debéis contestar a estas preguntas.

- ¿A qué celebraciones habéis asistido: boda, bautizo, primera comunión…?
- ¿Quién o quiénes eran los protagonistas de la fiesta?
- ¿Qué preparativos se hicieron para que todo saliera bien? ¿Quién se encargó de ellos? ¿Ayudasteis en la organización?
- ¿Qué sentimientos y emociones se manifestaron aquel día?

felicidad	ternura	enfado	optimismo	tristeza

- ¿Podría haberse celebrado ese sacramento de otro modo? ¿Cómo?

2. Realizad un listado de cosas materiales y otro de cosas no materiales que quedan después de una celebración.

Leemos la Biblia
Jesús, fuente de los sacramentos

Antes de la pasión, Jesús celebró con sus discípulos su última cena, en la que instituyó el sacramento de la eucaristía.

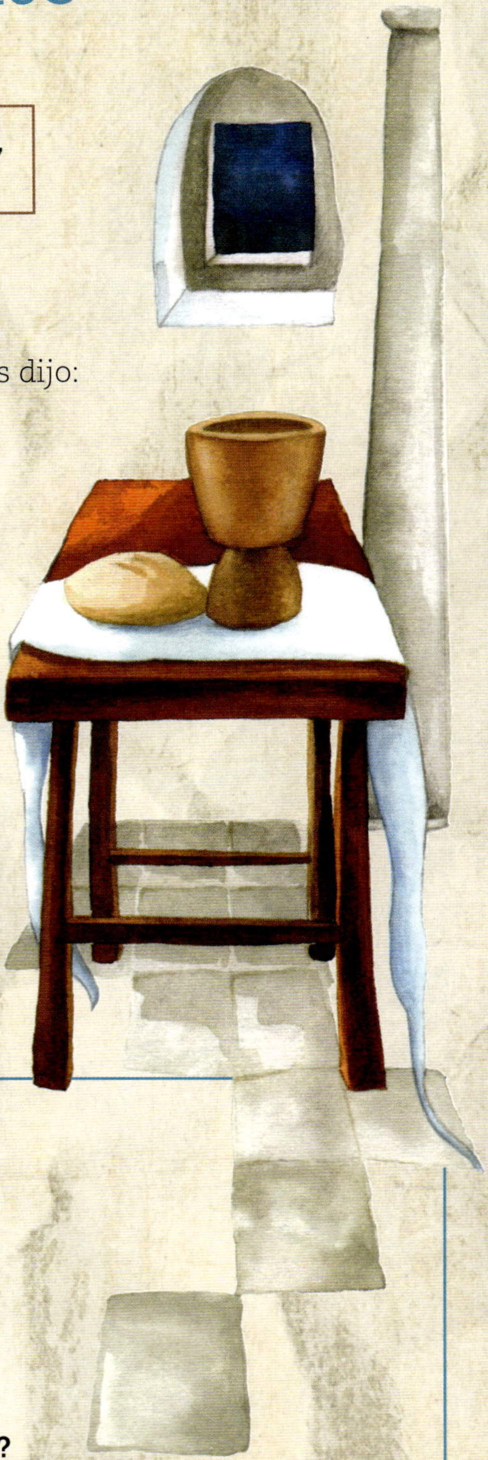

La cena pascual

Llegada la hora, Jesús se sentó a la mesa con sus discípulos y les dijo:

–¡Cuánto he deseado celebrar esta Pascua con vosotros antes de morir! Porque os digo que no la volveré a celebrar hasta que tenga su cumplimiento en el reino de Dios.

Tomó entonces una copa, dio gracias y dijo:

–Tomad esto y repartidlo entre vosotros; pues os digo que ya no beberé del fruto de la vid hasta que llegue el reino de Dios.

Después tomó pan, dio gracias, lo partió y se lo dio diciendo:

–Esto es mi cuerpo, que se entrega por vosotros; haced esto en memoria mía.

Y después de la cena, hizo lo mismo con la copa diciendo:

–Esta es la copa de la nueva alianza sellada con mi sangre, que será derramada por vosotros.

Lc 22, 14-20

¿QUÉ NOS DICE EL TEXTO?

1. **Contesta.**
   - ¿Por qué se reúne Jesús con sus discípulos para cenar?
   - ¿Por qué esta cena se denomina también «la última cena»?
2. **Lee las páginas 116 y 117, y comenta cómo era el rito de la Pascua judía.**
3. **¿Qué hace Jesús con el pan y el vino? ¿Qué simboliza este gesto?**
   - Explica por qué la eucaristía es el signo de la nueva alianza entre Dios y los hombres.

INVESTIGAMOS

4. **Recuerda el milagro de la multiplicación de los panes y los peces (Mt 14, 15-21).**
   - ¿Por qué crees que este milagro es considerado un anuncio de la eucaristía?

San Pablo toma como ejemplo a Jesús para explicar cómo ha de ser el amor entre los esposos.

El amor de los esposos

Maridos, amad a vuestras mujeres como Cristo amó a la Iglesia y se entregó a sí mismo por ella para consagrarla a Dios, purificándola por medio del agua y la palabra. Se preparó así una Iglesia esplendorosa, sin mancha ni arruga ni cosa parecida; una Iglesia santa e inmaculada.

Igualmente, los maridos deben amar a sus mujeres como a su propio cuerpo. El que ama a su mujer, a sí mismo se ama; pues nadie odia a su propio cuerpo, antes bien lo alimenta y lo cuida como hace Cristo con su Iglesia, que es su cuerpo, del cual nosotros somos miembros.

Por eso dejará el hombre a su padre y a su madre para unirse a su mujer, y llegarán a ser los dos uno solo. Gran misterio este, que yo relaciono con la unión de Cristo y de la Iglesia.

Ef 5, 25-32

VOCABULARIO

consagrarla: dedicarla a Dios.

¿QUÉ NOS DICE EL TEXTO?

5. Comenta qué es para ti el amor.

6. ¿Qué es lo más importante en un matrimonio? Explica por qué san Pablo se refiere a Cristo para hablar del matrimonio.

7. Explica con qué compara san Pablo la unión entre los esposos.

8. ¿Qué idea sobre el matrimonio nos transmite el texto de san Pablo?

- ¿Cómo puede estar el matrimonio consagrado a Dios?

INVESTIGAMOS

9. Lee esta carta de san Pablo y describe cómo debe ser el amor entre los esposos.

1 Cor 13, 4-7

- ¿Reconoces algunas de estas cualidades en Jesús? ¿Cuáles?

Conocemos nuestra fe

La eucaristía y el matrimonio

En la cena pascual, Jesús, siguiendo el ritual judío, partió el pan después de pronunciar la bendición.

El sacramento de la eucaristía

Jesús vivió siempre al servicio de sus discípulos y de todos los que lo rodeaban. Esta entrega llegó hasta el punto de dar su vida por todos los hombres y mujeres, como anunció en la última cena de Pascua y cumplió después con su pasión y muerte.

En la **cena pascual**, que celebró acompañado por los doce apóstoles, Jesús cogió un trozo de pan y dijo que aquello era su cuerpo. Luego cogió una copa de vino y dijo que aquello era su sangre.

Estas palabras de Jesús han llegado hasta nosotros y son las mismas que el sacerdote pronuncia en el momento de la **consagración**, dentro de la celebración de la misa. El Espíritu Santo hace que en el pan y en el vino de la eucaristía esté presente Jesucristo resucitado.

El rito de la eucaristía

Con la celebración del sacramento de la eucaristía se cumple el mandato que Jesucristo les dio a sus apóstoles en la cena pascual: «Haced esto en memoria mía».

La misa o eucaristía es una celebración comunitaria y festiva. En ella distinguimos dos partes principales:

- La **liturgia de la Palabra**, que comprende la lectura de textos de las Sagradas Escrituras y el rezo del credo.
- La **liturgia de la eucaristía**, que comprende la presentación de las ofrendas, la consagración, el rezo del padrenuestro y la comunión.

Estas dos partes se completan con los ritos de entrada y de despedida.

La consagración es el momento de la misa en el que Jesús se hace presente en el pan y en el vino.

El sacramento del matrimonio

Desde la Antigüedad, los hombres y mujeres han unido libremente sus vidas con el propósito de crear una comunidad basada en el amor, que sirva para ayudarse mutuamente y para transmitir la vida. Las diferentes civilizaciones han protegido esta institución, llamada **matrimonio**, con costumbres y con leyes.

Para los cristianos, el matrimonio es además un sacramento. Esto significa que Dios proporciona su fuerza a los contrayentes para que puedan vivir plenamente los **compromisos de la vida matrimonial**. Entre estos compromisos destaca la entrega mutua y permanente de los esposos.

Esta idea del matrimonio es reflejo de las enseñanzas de Jesús. Por ello, los primeros cristianos reconocieron el matrimonio como un sacramento, en el que la unión del hombre y la mujer se identifica con la unión de Jesucristo con la Iglesia.

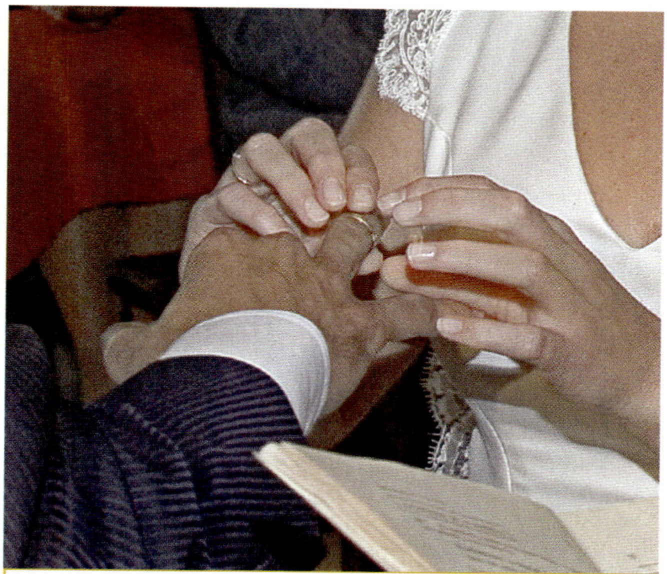

Los anillos que se entregan los novios simbolizan su amor y el compromiso que adquieren.

El rito del matrimonio

A diferencia de otros sacramentos en los que el sacerdote es el celebrante, en el matrimonio los celebrantes son los propios contrayentes. Estos se comprometen libremente y ante toda la comunidad a amarse, respetarse, guardarse fidelidad, formar una familia y educar cristianamente a sus hijos. El sacerdote actúa como testigo en nombre de la comunidad.

En la celebración del matrimonio hay dos momentos principales: en el primero, cada contrayente afirma que acude libremente a unirse en matrimonio, y en el segundo, ambos aceptan al otro miembro de la pareja y se comprometen a compartir su vida con él.

VOCABULARIO

ritos: normas que se siguen en una celebración religiosa.

contrayentes: hombre y mujer que se unen en el sacramento del matrimonio.

celebrante: persona que preside y oficia una celebración litúrgica.

ACTIVIDADES

1. **¿Cuáles son los siete sacramentos de la Iglesia católica? Escribe sus nombres.**
2. **Contesta en tu cuaderno.**
   - ¿Por qué se repite en la eucaristía el gesto de Jesús de compartir el pan y el vino?
   - ¿Qué sentido tiene la eucaristía para los cristianos?
3. **Explica las dos partes principales del rito de la eucaristía.**
   - ¿En qué momento se bendicen el pan y el vino?
4. **¿Cuál es la finalidad del matrimonio? ¿Cuál es el sentido del matrimonio cristiano?**
5. **Escribe una lista con lo que tú consideras necesario para que un matrimonio perviva.**

El matrimonio en diferentes culturas

La ceremonia del matrimonio es diferente en cada cultura. Sin embargo, en todas ellas está presente el libre consentimiento y el compromiso de lealtad y vida en común entre los contrayentes.

Las bodas hindúes

Los hindúes celebran las bodas en cualquier recinto y la fiesta puede durar hasta doce días. Los novios se sitúan ante un fuego sagrado que representa la divinidad y se prometen lealtad.

La novia viste un sari rojo que es atado al traje del novio para simbolizar la unión entre ambos. Después, la pareja camina alrededor del fuego entonando himnos y oraciones.

El matrimonio musulmán

La ceremonia se celebra en casa de la novia. Mientras el imán lee pasajes del Corán, los novios permanecen separados el uno del otro en los extremos opuestos de una sala. A continuación, el padre de la novia y dos testigos preguntan a los contrayentes si aceptan el matrimonio. Después del consentimiento, la novia se sienta junto al novio, que le retira el velo de su rostro, y se firma el contrato matrimonial.

La fiesta posterior se prolonga durante varios días.

El matrimonio judío

Las bodas judías se suelen celebrar al aire libre y son presididas por un rabino.

Durante la ceremonia, el novio y la novia se colocan bajo el *jupá*, un palio sostenido por cuatro varas, que simboliza su hogar, y reciben siete bendiciones frente a una copa de vino que el novio rompe al final del enlace matrimonial.

1. **¿Qué semejanzas encuentras entre estas ceremonias y el matrimonio cristiano?**

Las alianzas y las arras

Los anillos y las arras son símbolos que se utilizan en el sacramento del matrimonio.

Las **alianzas** que se intercambian los esposos representan el pacto que se establece entre ellos para toda la vida.

Las **arras** son trece monedas que se entregan los contrayentes para expresar el compromiso de compartir sus bienes. Según una tradición de la Edad Media, estas monedas simbolizan los bienes que la pareja compartirá durante los doce meses del año, más otra parte que repartirá entre los pobres.

2. ¿Recuerdas los símbolos de algún otro sacramento?

Fractio panis

Fresco de la catacumba de santa Priscila (s. II).

Existen testimonios de la celebración de la eucaristía desde los tiempos de los primeros cristianos. Así, en algunas catacumbas romanas se conservan frescos que representan a un grupo de personas reunidas en torno a una mesa, partiendo el pan.

La fracción del pan estaba rodeada de cantos de salmos y de oraciones.

Un encuentro de paz

Durante la celebración de la eucaristía, los cristianos nos damos la paz. Con este gesto recordamos las palabras que Jesús pronunció durante la última cena:

Mi paz os dejo, mi paz os doy.

En un mundo como el actual, donde abundan los conflictos y las guerras, los cristianos entendemos la eucaristía como un encuentro de paz, que nos invita a actuar sin violencia.

3. ¿De qué forma puede ayudarnos la eucaristía a vivir la paz?

Actividades finales

COMPROMISO

La Iglesia nos recuerda que los miembros del matrimonio cristiano deben formar un hogar basado en los valores del Evangelio, para contribuir así a la transmisión del mensaje de Jesús.

Uno más en la familia

Antonia y Miguel llevan diez años casados y tienen tres hijos. El verano pasado, la familia vivió una experiencia fantástica y todos están deseando repetirla. ¿Y qué hicieron? Pues acoger en su casa a Salek, un niño saharaui de 10 años de edad.

Antonia y Miguel se apuntaron al programa de acogida «Vacaciones en paz». Querían tener la oportunidad de dedicar su tiempo libre a alguien que nunca había disfrutado de unas vacaciones. Además, con esta experiencia, sus hijos aprenderían a compartir y a ser más tolerantes. Con la llegada de Salek, las expectativas de Antonia y Miguel se vieron cumplidas con creces. Aunque fueron unas vacaciones agotadoras y no exentas de problemas, Salek dejó una profunda huella en todos los miembros de la familia.

1. Reflexiona sobre este testimonio.

- ¿Qué problemas pudieron surgir durante la acogida?
- ¿Por qué crees que Salek dejó huella en la familia? ¿Cómo crees que fue esta experiencia para él?
- ¿Cómo contribuyen Antonia y Miguel a difundir el mensaje de Jesús?

2. Imagina que tus padres deciden acoger a un niño extranjero en casa. ¿Cómo reaccionarías?

- ¿De qué forma concreta podrías ayudar tú a ese niño a integrarse en tu entorno? ¿Crees que podrías aprender algo de él?

RINCÓN DE LOS DERECHOS HUMANOS

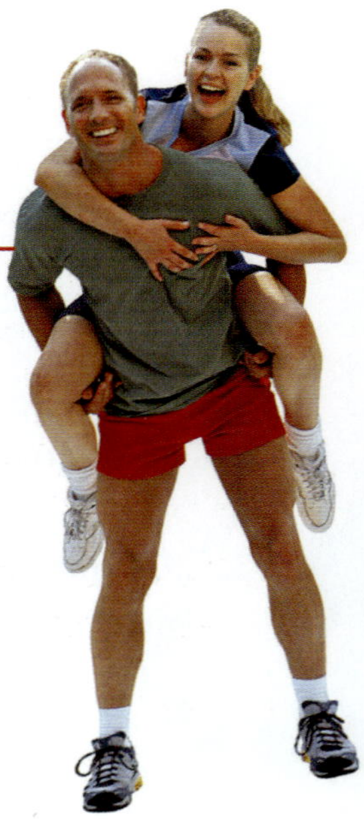

Artículo 16. Los hombres y las mujeres, a partir de la edad núbil, tienen derecho a casarse y a fundar una familia. Solo mediante el libre y pleno consentimiento de los futuros esposos podrá contraerse matrimonio.

3. ¿Crees que a lo largo de la historia se ha respetado siempre el libre consentimiento de los esposos? Explica.

MIS CONCLUSIONES

4. **¿Por qué los sacramentos son una fiesta para los cristianos?**

- ¿Qué sacramento tiene una especial importancia? ¿Por qué?

5. **Explica qué parecidos encuentras entre la cena de pascua y la eucaristía.**

- ¿Cuáles son los signos de la eucaristía?
- ¿Se han mantenido estos signos a lo largo de la historia de la Iglesia?

6. **Haz una breve redacción sobre tu primera comunión, en la que reflejes tu alegría por haber recibido al Señor y el carácter festivo de ese día.**

7. **Explica el significado de estos valores que se manifiestan en el matrimonio cristiano.**

ayuda	generosidad	comprensión	respeto

8. **Lee Mt 19, 3-6 y contesta en tu cuaderno.**

- ¿Sobre qué aspecto del matrimonio cristiano trata el texto?
  - ☐ El amor entre los esposos.
  - ☐ La unión permanente entre los esposos.
- ¿Cómo justifica Jesús que esa unión no se puede romper?
- ¿Sabes qué palabras del texto pronuncia el sacerdote durante la celebración del sacramento del matrimonio?

PARA MI CARPETA. El proyecto de una fiesta

Haz un proyecto para organizar la fiesta de un bautizo o una primera comunión.

Debe ser una celebración inolvidable. Para organizarla pedirás la colaboración de varias personas y gastarás poco dinero.

- Escribe el motivo de la fiesta y el lugar y la hora de la celebración. A continuación, haz una lista de invitados y un presupuesto.
- Elabora un menú saludable y piensa en el menaje necesario para la comida. Intenta repartir el trabajo de cocina entre tus invitados.
- Decide cómo harás las invitaciones, los adornos, los recuerdos..., y haz una lista de los materiales y de la ayuda que necesitarás.
- Piensa en algún detalle especial que quieras que quede grabado en la memoria de todos: un poema, una canción, una exposición de fotos...

8 La conciencia

Una buena decisión

La tormenta la cogió por sorpresa. En aquellas latitudes eran frecuentes, pero jamás había visto formarse una tempestad en tan poco tiempo.

Marta miró preocupada el barómetro. La presión atmosférica había caído en picado. El barco se bamboleaba como una nuez en medio del océano.

Ella pensó en cuánto le había costado llegar hasta allí. La vuelta al mundo en solitario es una de las competiciones de vela más duras, pero con un poco de suerte, ganaría la regata.

Aferrada al timón, miró el GPS y comprobó que se encontraba a pocas millas de la meta. El velero crujía, parecía que fuera a desintegrarse de un momento a otro. Entonces Marta tomó una decisión: debía dar la vuelta, huir del temporal. Ya no estaba en juego la regata, sino su propia vida. Y con lágrimas en los ojos, comenzó a virar.

Cuando llegó a puerto, Marta se enteró de que uno de los regatistas había naufragado. «Debía haber virado», comentó un viejo marinero. «No se puede desafiar al mar de esa manera».

¿Qué dilema se le presentó a Marta? ¿Cómo lo resolvió? ¿Crees que hizo lo correcto?

NECESITAMOS SABER

¿Cómo podemos orientarnos en la vida?

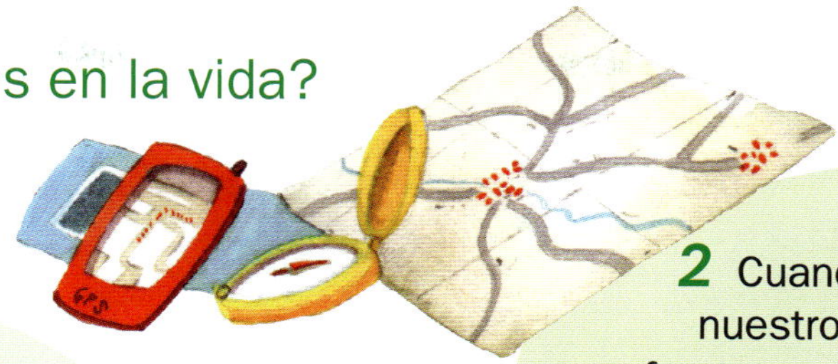

1 En los desplazamientos por caminos, calles y carreteras nos guiamos por nuestro **sentido de la orientación** o por la ayuda de mapas, de una brújula o de un GPS.

2 Cuando somos pequeños, nuestros padres, abuelos y profesores orientan nuestras acciones. Cuando somos mayores, son los reglamentos, las **normas** y las **leyes** las que nos orientan.

3 Además, las personas responsables se orientan siempre por sus convicciones, es decir, por la idea firme de que deben actuar guiadas por la **verdad** y por su propia **conciencia**.

- **¿Te has perdido alguna vez? ¿Qué sentiste? ¿Cómo encontraste de nuevo el camino?**

ENTRE TODOS

Hablamos sobre cómo nos orienta la conciencia

1. ¿Para qué sirve una brújula? ¿Y un GPS? ¿Cómo funcionan?

- ¿Creéis que estos instrumentos nos obligan a ir en una determinada dirección o simplemente nos orientan?

2. Comentad qué tienen en común la brújula y el GPS con nuestra conciencia.

- ¿En qué situaciones habéis notado la presencia de vuestra conciencia?

3. Discutid acerca de qué os dice vuestra conciencia en estas situaciones.

- ☐ Cuando vais a clase sin llevar hechos los deberes.
- ☐ Cuando oís a un amigo insultar a otro.
- ☐ Cuando ayudáis a un compañero a hacer un trabajo.
- ☐ Cuando mentís para evitar un castigo.

Leemos la Biblia
La voz de la conciencia

Caín y Abel eran hijos de Adán y Eva. El Génesis nos cuenta cómo la envidia provocó que Caín matara a su hermano. Su mal comportamiento enfureció a Dios.

La historia de Caín y Abel

Pasado algún tiempo, Caín le entregó al Señor los frutos de la tierra como ofrenda y Abel le ofreció las primeras crías de su rebaño. El Señor se fijó en la ofrenda de Abel más que en la de Caín. Entonces, Caín se enfureció mucho. El Señor le dijo:

–¿Por qué te enfureces y andas cabizbajo? Si obraras bien, llevarías bien alta la cabeza; pero si obras mal, el pecado llamará a tu puerta y te acosará, aunque tú puedes dominarlo.

Caín propuso a su hermano Abel que fueran al campo y, cuando estaban allí, se lanzó contra él y lo mató.

El Señor preguntó a Caín:

–¿Dónde está tu hermano Abel?

Él respondió:

–No lo sé. ¿Soy yo acaso el guardián de mi hermano?

–¿Qué es lo que has hecho, Caín? –replicó el Señor–. ¡La sangre de tu hermano me grita desde la tierra!

Gn 4, 3-10

¿QUÉ NOS DICE EL TEXTO?

1. **Comenta el cambio de actitud de Caín a lo largo del relato.**
   - ¿Cómo quiso Caín agradar al Señor?
   - ¿Por qué se enfureció Caín? ¿Qué crees que sintió después?
2. **¿Qué significa la expresión «la voz de la conciencia»? Di quién es la voz de la conciencia en este relato.**
3. **Explica el significado de estas palabras que Dios le dirigió a Caín.**

El pecado llamará a tu puerta, aunque tú puedes dominarlo.

La parábola del hijo pródigo nos muestra cómo la conciencia nos puede llevar a arrepentirnos de un mal comportamiento. Esta actitud siempre agrada a Dios.

El hijo pródigo

Entonces fue a servir a casa de un hombre de aquel país, quien lo mandó a sus campos a cuidar cerdos. Habría deseado llenar su estómago con las algarrobas que comían los cerdos, pero nadie se las daba. Entonces recapacitó y se dijo:

«¡Cuántos jornaleros de mi padre tienen pan de sobra, mientras que yo aquí me muero de hambre! Volveré a casa de mi padre y le diré: Padre, he pecado contra el Cielo y contra ti. Ya no merezco llamarme hijo tuyo; trátame como a uno de tus jornaleros».

Y se puso en camino hacia la casa de su padre.

Cuando aún estaba lejos, su padre lo vio y, profundamente conmovido, salió corriendo a su encuentro, lo abrazó y lo cubrió de besos.

Lc 15, 15-20

¿QUÉ NOS DICE EL TEXTO?

4. **Recuerda la parábola completa del hijo pródigo (Lc 15, 11-32) y contesta.**
   - ¿Por qué abandona el hijo pródigo su casa?
   - ¿Cómo era su vida antes y después de marcharse?
   - ¿Qué lo empuja a volver a casa de su padre?
   - ¿Cómo reacciona el hermano mayor? ¿Qué te parece su comportamiento?

5. **En la parábola del hijo pródigo, el padre representa a Dios. ¿Qué imagen de Dios transmite el texto? Comenta con tus compañeros.**

6. **¿Qué diferencia aprecias entre la actitud de Caín y la del hijo pródigo al final de cada relato?**
   - Cuenta alguna ocasión en la que te hayas arrepentido de algo que hayas hecho.

7. **Lee las páginas 114 y 115. ¿Encuentras alguna semejanza entre la historia de Esaú y Jacob y los textos que has leído en estas páginas? Explica.**

Conocemos nuestra fe

La elección entre el bien y el mal

Los seres humanos tenemos la capacidad de distinguir entre el bien y el mal.

El conocimiento del bien y del mal

Todos conocemos a personas que hacen cosas buenas. Las admiramos porque respetan a los demás, tienen buena intención, ayudan a los necesitados, dicen la verdad, actúan con generosidad... Pero también conocemos a personas que obran mal: mienten, odian, hacen daño a otros, abusan de los más débiles, se apropian de lo que no es suyo...

Si nos observamos a nosotros mismos, descubrimos que a veces actuamos bien y otras veces obramos mal. ¿Por qué sucede esto? ¿Por qué hay maldad en el mundo? ¿Por qué en ocasiones sentimos inclinación hacia el mal? No tenemos una respuesta completa a estas preguntas, pero el hecho es que ante cada persona continuamente se presentan dos opciones: **elegir el bien** o **elegir el mal**.

La conciencia

Cuando actuamos, sabemos si lo que hacemos es bueno o malo. En nuestro interior hay algo que nos ayuda a reconocer el bien y a diferenciarlo del mal. Es lo que se suele conocer como «la voz de la conciencia». Se trata de unas ideas y valores que vamos aprendiendo poco a poco y que nos permiten realizar esa distinción.

Antes de obrar, la conciencia nos impulsa a hacer el bien y evitar el mal. Después de actuar, si hemos hecho algo bueno, sentimos una gran satisfacción interior, y si hemos hecho algo malo, sentimos una tristeza que nos cuesta superar.

En algunas ocasiones, nuestra conciencia no nos permite saber con claridad si algo está bien o mal, y entonces corremos el riesgo de equivocarnos al actuar. Por ello, necesitamos **formar nuestra conciencia** a través del ejemplo de otras personas y de la reflexión personal.

En los juicios y en otras situaciones de la vida se espera que las personas actúen según su conciencia.

Buscamos la verdad

A través de sus enseñanzas, Jesús quiso que todos los hombres y mujeres conociéramos la verdad y que esta fuese la guía que nos permitiese hacer siempre el bien y evitar el mal.

Por ello, los cristianos tenemos el deber de conocer el Evangelio. El Evangelio nos ayuda a formar nuestra propia conciencia dando razones a esa voz interior que nos permite distinguir entre el bien y el mal.

Las personas que actúan en contra de su conciencia son responsables del mal que causan y cometen pecado. Sin embargo, quien obra mal porque ha sido obligado a ello o porque ignora que está actuando mal no es culpable de pecado.

Jesús nos habla de un **Dios compasivo que perdona siempre**. Es a través de Jesús como podemos vencer el pecado y restablecer la relación con Dios Padre.

VOCABULARIO

verdad: la auténtica realidad de las cosas; aquello que se tiene como cierto.

pecado: comportamiento o pensamiento que nos aleja de Dios.

El Evangelio es una guía para actuar bien en la vida.

ACTIVIDADES

1. **Explica con tus palabras cómo nos ayuda la conciencia antes y después de actuar.**

2. **¿Cuál de estas frases se refieren a alguien que es responsable del mal que causa?**

   - ☐ Le lanzó la pelota a la cara deseando hacerle daño.
   - ☐ Fue obligado a mentir porque amenazaron a su familia.
   - ☐ No estudia para el examen porque está dispuesto a copiar.
   - ☐ Le quita a su compañero los bolígrafos que le gustan.
   - ☐ Sabe que fumar daña la salud y, sin embargo, lo hace.
   - ☐ Le dio una patada sin querer.
   - ☐ Llega tarde al colegio porque no se acuesta temprano.

3. **¿Qué le responderías a una persona que dice esto?**

   «Le quité las monedas a un hombre que estaba pidiendo en la calle. No sabía que le estaba haciendo daño. No soy culpable».

Reportaje

El bien y el mal en la canción

El tema del bien y el mal está muy presente en la música actual. Muchas canciones denuncian situaciones de injusticia y pregonan actitudes que conectan con los valores cristianos.

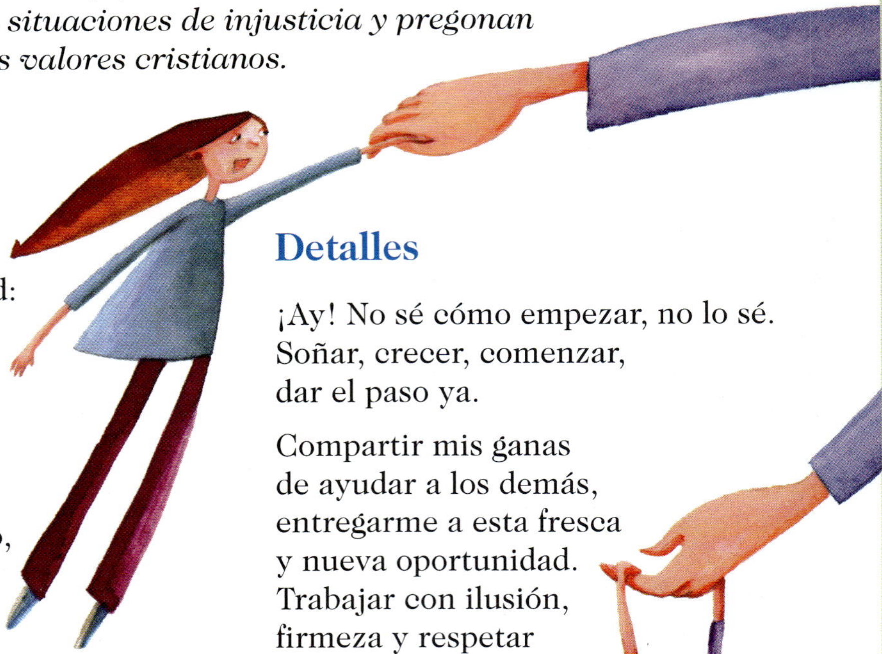

Las manos del mundo

Hay muchas clases de manos
en las que puedes ver la verdad:
manos que con el tiempo
se hacen viejas por la edad,
manos que da gusto acariciar
y manos que pueden dar...
que pueden dar amor y paz.

Las manos son como el tiempo,
que en las decisiones siempre
te van a acompañar.
A veces son como el fuego,
que hay que cuidarlas
o se pueden quemar.

Hay manos buenas, hay manos malas,
manos que curan y manos que matan;
manos que tocan mucho dinero,
manos que sueñan poder tenerlo;
manos que viven para el trabajo
y gente mala que las usa en el maltrato;
manos que tocan guitarras de ensueño,
manos que escriben libros y cuentos...

Andy y Lucas, *Andy y Lucas*. 2003

1. **Pon otros ejemplos de «manos buenas» y «manos malas» en el mundo.**

2. **¿Qué actitudes cristianas se reflejan en la canción *Detalles*?**

3. **Nombra otras canciones que hablen del bien y el mal. ¿Qué mensaje transmiten?**

Detalles

¡Ay! No sé cómo empezar, no lo sé.
Soñar, crecer, comenzar,
dar el paso ya.

Compartir mis ganas
de ayudar a los demás,
entregarme a esta fresca
y nueva oportunidad.
Trabajar con ilusión,
firmeza y respetar
la luz de mi conciencia,
que me llena de paz.

Abriendo bien los ojos,
fijarme en los detalles,
despertar mis *sentíos*,
fundirme en el aire.

Escapar del tiempo
y vivir sin miedo,
contemplar la vida
y sus misterios.
Escuchar el silencio
y perderme dentro,
encontrar respuestas
del susurro del viento.

Conectar con mi ser y espabilar,
proyectar mi alegría y observar.
Y liberar mi mente, sentir con claridad
que hay un nuevo mundo,
y del presente disfrutar.

Chambao, *Con otro aire*. 2007

Ángeles y demonios

Retablo del siglo XV.

Desde la Antigüedad, muchos artistas han representado luchas entre ángeles y demonios para reflejar la batalla entre el bien y el mal.

4. **Si tuvieras que dibujar la conciencia, ¿cómo la representarías?**

Las catástrofes naturales

En algunas ocasiones se producen grandes catástrofes naturales, como terremotos, huracanes o inundaciones, que asolan amplias zonas de la Tierra. Estas catástrofes constituyen un mal, pero despiertan la solidaridad del mundo entero, que se moviliza en ayuda de las personas afectadas.

5. **¿Crees que las situaciones permanentes de necesidad nos mueven a ayudar igual que las grandes catástrofes?**

Congreso de los Diputados, Madrid.

Las leyes y el bien común

En los países democráticos, los diputados elegidos por los ciudadanos elaboran las leyes y las normas que regulan la convivencia. El respeto y cumplimiento de las leyes por parte de todas las personas es imprescindible para el bien común.

6. **¿Qué leyes conoces? Elige una y explica cómo contribuye al bien de la comunidad.**

Actividades finales

COMPROMISO

En la prensa y la televisión, a veces encontramos noticias cuyos protagonistas son personas honradas, a las que su conciencia les ha ayudado a actuar de forma correcta.

Un ejemplo de honradez

UN VENDEDOR DE LA ONCE DEVUELVE A SU DUEÑA UN CUPÓN PREMIADO CON 35.000 EUROS

Agencias 4.9.2008

Un vendedor sordomudo de la ONCE, llamado Francisco R. F., devolvió a su dueña un cupón premiado con 35.000 euros cuando, previamente y a causa de un error, le había comunicado que solo tenía un reintegro de 1,5 euros.

Los hechos ocurrieron el pasado 13 de agosto, cuando la afortunada compró un cupón con el número 24.717. Al día siguiente, la mujer acudió a su vendedor habitual para que comprobara si el boleto había sido premiado. Según comenta Francisco, debido al ajetreo del día, se equivocó e informó a su clienta de que el premio de ese boleto era el reintegro.

Al final del día, Francisco detectó el error y decidió localizar a aquella mujer. Tras encontrarla, y ante la imposibilidad de explicarle con palabras lo sucedido, pasó el cupón premiado por su máquina de validaciones y le mostró la pantalla a la mujer. Según cuenta Francisco, al ver el premio, «la señora, agradecida, se puso a llorar y los dos nos abrazamos».

La agraciada considera que este gesto demuestra que «todavía hay gente honrada». El vendedor, por su parte, ha quitado importancia a su gesto, que considera algo «normal», y explicó que lo hizo «para poder dormir tranquilo».

1. Reflexiona sobre esta notica.

- ¿Piensas que el vendedor quiso engañar a la señora inicialmente? ¿Qué crees que le dijo su conciencia en ese momento?
- ¿Qué hizo el vendedor cuando se dio cuenta de su error? ¿Qué crees que le dijo su conciencia entonces?
- ¿Qué hubieras hecho tú si fueras el cuponero?

2. Cuenta alguna situación en la que hayas actuado mal por error. ¿Qué hiciste cuando te diste cuenta de tu equivocación?

RINCÓN DE LOS DERECHOS HUMANOS

Artículo 11. Toda persona acusada de un delito tiene derecho a que se presuma su inocencia mientras no se pruebe su culpabilidad.

3. ¿Te han acusado alguna vez de algo que no habías hecho? Cuenta qué ocurrió.

4. ¿Has acusado en alguna ocasión a alguien indebidamente o sin pruebas? ¿Qué consecuencias tuvo tu acusación?

MIS CONCLUSIONES

5. **Escribe el significado de estas palabras.**

✓ conciencia ✓ verdad ✓ pecado

6. **¿Recuerdas algún cuento, historia o película donde los protagonistas tengan que decidir algo importante siguiendo la voz de su conciencia? Cuéntalo.**

Moisés y las tablas de la ley, de Rembrandt (s. XVII).

7. **Recuerda los pasajes bíblicos que has leído y contesta.**

CAÍN Y ABEL

- ¿Qué le decía a Caín su conciencia cuando mató a su hermano? ¿Por qué no le hizo caso?
- ¿Fue libre Caín en su manera de actuar?

EL HIJO PRÓDIGO

- ¿Cuándo escuchó la voz de su conciencia? ¿Qué le dijo?
- ¿Qué hubiera ocurrido si hubiera escuchado su conciencia antes de abandonar su casa?

8. **Lee Éx 20, 1-17 y contesta en tu cuaderno.**

- ¿Crees que los diez mandamientos nos ayudan a formar bien nuestra conciencia? Explica.
- ¿Qué consecuencias tiene no cumplir los mandamientos?

PARA MI CARPETA. Una argumentación

Escribe un texto con argumentos para defender una de estas afirmaciones.

Siempre hay que decir la verdad. | A veces hay motivos para mentir.

- Elige la afirmación que mejor exprese tu forma de pensar.
- Haz una lista de argumentos que sirvan para defender tu idea.
- Piensa en ejemplos que apoyen tus argumentos.
- Redacta un borrador del texto, revísalo y pásalo a limpio cuidando la presentación.

9 Vida nueva para siempre

Un ejemplo de superación

En el año 2000, Quian Hongyam perdió sus piernas en un accidente. Tenía solo dos años. Su familia era muy pobre y Quian tuvo que aprender a utilizar una pelota sujeta a su cuerpo y unas paletas de madera para poder desplazarse. De esta forma, acudía a la escuela, jugaba con sus amigos e intentaba realizar las actividades propias de una niña de su edad.

Años más tarde, el gobierno de su país decidió ayudarla y Quian pudo tener, por fin, unas piernas ortopédicas. Al principio se caía, tropezaba… Pero ella nunca se desanimó.

En la actualidad, Quian Hongyam continúa su aprendizaje diario para dominar sus nuevas piernas. Además, presta ayuda a otras personas que han sufrido alguna amputación, contándoles su historia.

La joven es una gran aficionada a la natación y entrena duramente. ¡Su sueño es participar en los Juegos Paralímpicos de 2012!

¿Qué dificultades ha tenido que superar Quian Hongyam? ¿Qué admiras de ella?

NECESITAMOS SABER

¿Quiénes tienen fuerza de voluntad?

1 Las personas con fuerza de voluntad son aquellas que, una vez que han tomado una decisión, a pesar de las dificultades, **se esfuerzan** y la llevan adelante.

2 Las personas **obstinadas** también tienen fuerza de voluntad, pero cuando se dan cuenta de que están equivocadas, no rectifican y siguen actuando del mismo modo.

3 Las personas con fuerza de voluntad **son responsables**, se esfuerzan para cumplir con sus obligaciones, asumen las consecuencias de sus actos y así ejercitan su voluntad.

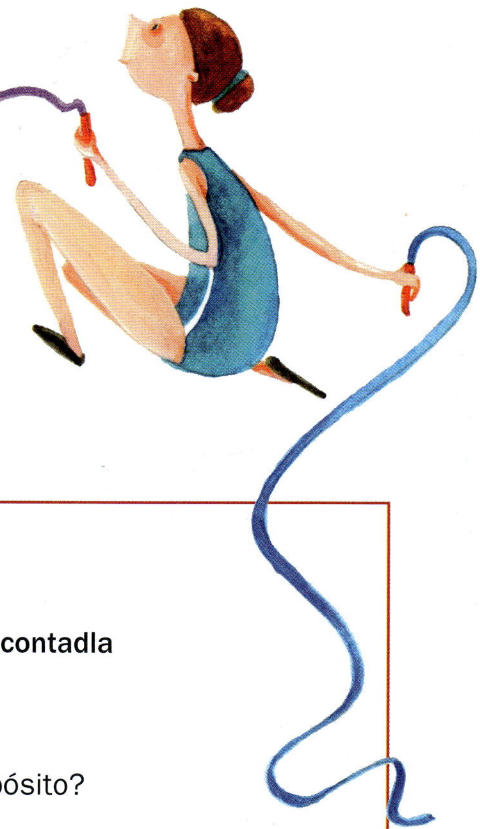

- **¿Qué sientes cuando has alcanzado una meta difícil de conseguir? Explícalo.**

ENTRE TODOS

Hablamos sobre la fuerza de voluntad

1. **Pensad en alguna historia de esfuerzo y superación que conozcáis y contadla a vuestros compañeros. Después, contestad a estas preguntas.**
   - ¿Qué valor especial tiene el protagonista de la historia?
   - ¿Por qué crees que esa persona ha seguido adelante con su propósito?
   - ¿Qué tiene en común con Quian Hongyam?
2. **Pensad en vosotros mismos y compartid vuestras reflexiones.**
   - ¿Crees que tienes fuerza de voluntad? ¿Cómo la ejercitas?
   - ¿Piensas que necesitas la ayuda de alguien para fortalecer tu voluntad?

   Proponed dos acciones que os permitan ejercitar la voluntad diariamente.

Leemos la Biblia
El plan de Dios

Jesús, al final de su predicación, nos recordó cómo tenemos que actuar para agradar a Dios y ser merecedores del reino de los Cielos.

El Juicio Final

Cuando venga el Hijo del hombre en su gloria con todos sus ángeles, se sentará en su trono de gloria. Todas las naciones se reunirán delante de Él, y Él separará unos de otros, como el pastor separa las ovejas de los cabritos. (…)

Entonces, el Rey dirá a los de un lado:

–Venid, benditos de mi Padre, tomad posesión del reino preparado para vosotros desde la creación del mundo. Porque tuve hambre y me disteis de comer; tuve sed y me disteis de beber; era forastero y me alojasteis; estaba desnudo y me vestisteis; enfermo y me visitasteis; en la cárcel, y fuisteis a verme.

Entonces le responderán los justos:

–Señor, ¿cuándo te vimos hambriento y te alimentamos; sediento y te dimos de beber? ¿Cuándo te vimos forastero y te alojamos, o desnudo y te vestimos? ¿Cuándo te vimos enfermo o en la cárcel y fuimos a verte?

Y el Rey les responderá:

–Os aseguro que cuando lo hicisteis con uno de estos mis hermanos más pequeños, conmigo lo hicisteis.

Mt 25, 31-40

¿QUÉ NOS DICE EL TEXTO?

1. **Analiza las palabras de Jesús y contesta.**
   - ¿Dónde podemos encontrar a Dios?
   - ¿Es fácil reconocer a Dios en las personas a las que Jesús hace referencia?
   - ¿Qué consecuencias tendría en el mundo llevar a cabo lo que dice Jesús?

2. **Este pasaje de la Biblia se lee en la fiesta de Cristo Rey, al final del año litúrgico. ¿Por qué crees que se lee ese día?**
   - ¿Qué tipo de rey es Cristo en este texto? ¿Cómo es su reino?

INVESTIGAMOS

3. **Lee Mt 25, 41-46 y compáralo con el texto que has leído. ¿Qué conclusión obtienes?**

El profeta Isaías ya anunció lo que Dios espera realmente de nosotros. Si obramos así alcanzaremos su gloria.

El ayuno que agrada a Dios

El ayuno que yo quiero es este:
que abras las prisiones injustas,
que desates las correas del yugo,
que dejes libres a los oprimidos,
que acabes con todas las tiranías,
que compartas tu pan con el hambriento,
que albergues a los pobres sin techo,
que proporciones vestido al desnudo
y que no te desentiendas de tus semejantes.

Entonces brillará tu luz como la aurora
y tus heridas sanarán enseguida,
tu recto proceder caminará ante ti
y te seguirá la gloria del Señor.

Is 58, 6-8

VOCABULARIO

ayuno: dejar de comer voluntariamente durante un periodo de tiempo, como ofrenda a Dios.

yugo: objeto mediante el cual se unen los bueyes al arado o al carro. Se utiliza como símbolo de la falta de libertad.

¿QUÉ NOS DICE EL TEXTO?

4. **¿Qué mensaje nos quiere transmitir el profeta Isaías?**
5. **¿Qué significa la expresión «no te desentiendas de tus semejantes»? Elige la opción que te parezca más adecuada y explícala.**
   - ☐ Permanece atento solo a lo que le ocurre a tu familia.
   - ☐ Ayuda a todo aquel que lo necesite.
   - ☐ Ocúpate solo de tus propios asuntos.
6. **Explica a qué «heridas» se refiere el profeta en el último párrafo del texto.**
7. **Compara las dos lecturas. ¿Qué semejanzas encuentras?**
8. **¿Cuál es el destino de la persona que actúa como dicen ambos textos?**

Conocemos nuestra fe

La salvación

Ser discípulos de Jesús

Jesús nos transmitió una nueva forma de pensar y nos enseñó a **vivir de un modo diferente**. Para ser buenos discípulos de Jesús y alcanzar la vida eterna es necesario:

- Amar y perdonar a los enemigos.
- Ayudar y acoger a las personas necesitadas.
- Actuar con generosidad.
- Poner la propia vida al servicio de los demás.
- Compartir los bienes propios con los pobres.
- Decir la verdad y vivir con un corazón limpio.

Algunas personas, al escuchar las exigencias de Jesús, no fueron capaces de seguirlo.

Para vivir el Evangelio no es necesario realizar grandes obras. Dios también valora las pequeñas acciones cotidianas.

Dios nos salva por su gracia

Jesús explicó a sus discípulos que el camino que conduce a la vida eterna está lleno de obstáculos y no siempre es fácil hacer el bien. Además, las personas somos débiles, inconstantes y perezosas. Pero Dios da a todos los hombres y mujeres la fuerza necesaria para cumplir los mandamientos, ser virtuosos y alcanzar la vida eterna. Nos salvamos por la gracia de Dios.

Debemos colaborar con la gracia de Dios

Dios desea que todos disfrutemos de la vida eterna, pero para ello nos exige que colaboremos con nuestra voluntad y nuestras buenas obras. Cuando actuamos bien y cumplimos los mandamientos por amor a Él, Dios premia nuestros buenos deseos y nuestros esfuerzos. Cuando no obramos bien siempre podemos rectificar, pedir perdón a Dios y recobrar la amistad con los demás. Jesús nos enseñó que, si nos arrepentimos, Dios nos perdona siempre.

Ciudadanos del Cielo

Los cristianos que viven plenamente el Evangelio están respondiendo a los deseos de Dios y alcanzarán la felicidad en la vida eterna. Esto significa que, tras la muerte, participarán de la resurrección de Jesucristo y heredarán el reino de los Cielos.

Heredar el reino de los Cielos es disfrutar por siempre de Dios en compañía de todas las personas que han vivido como auténticos cristianos.

Este es el **sentido cristiano de la muerte**: el encuentro definitivo con Dios para contemplar su rostro y sentirnos profundamente amados por Él.

***El Juicio Final*, de Miguel Ángel** (s. XVI). Este fresco, que decora la Capilla Sixtina del Vaticano, representa el mundo celestial.

VOCABULARIO

voluntad: capacidad de las personas para tomar decisiones y actuar en consecuencia.

virtuosos: que hacen el bien habitualmente.

ACTIVIDADES

1. **Explica cómo se puede reconocer en la actualidad a los discípulos de Jesús.**
   - ¿Qué valores están presentes en un buen cristiano?
2. **Piensa y contesta en tu cuaderno.**
   - ¿Qué te cuesta más, ayudar a los demás o perdonar a alguien que te hace daño?
   - ¿Has vivido alguna situación en la que ser sincero te resultó difícil?
   - ¿Sueles compartir tus cosas con los demás? ¿Por qué?
   - ¿Por qué requiere fuerza de voluntad seguir el Evangelio?
3. **¿Crees que las personas que siguen a Jesús son felices? Explica.**
4. **¿Qué creen los cristianos que sucede después de la muerte? ¿Piensas que esa creencia puede dar también sentido a nuestra vida?**
5. **Lee las páginas 130 y 131, y explica cómo se manifiesta la fuerza de voluntad del papa Juan Pablo II.**

La muerte en distintas religiones

En todas las religiones, morir significa pasar a vivir otra vida. Cada religión expresa su sentido de la muerte en la forma de enterrar a los muertos.

La muerte en el islam

Para los musulmanes, la muerte es la liberación que conduce a la felicidad.

Previamente al entierro, el cuerpo se lava, se envuelve en una sábana y se coloca en un ataúd. El pariente más cercano recita unas oraciones para que el difunto alcance pronto la felicidad. Después es enterrado con la cabeza hacia La Meca, ciudad natal del profeta Mahoma. La tumba se cubre con un montículo de tierra.

El luto puede durar 40 días.

La muerte en el judaísmo

Los judíos creen que el alma es eterna y que el verdadero sentido de la muerte reside en cómo se ha vivido la vida.

Antes del entierro, los familiares se rasgan las vestiduras como expresión de dolor. Después se leen salmos y se mencionan las buenas obras que realizó el difunto. El cadáver se cubre con vestiduras blancas y se lleva en procesión hasta la tumba.

El luto dura una semana.

La muerte en el hinduismo

Los hinduistas creen que, después de la muerte, el alma, separada del cuerpo, se reencarna o viaja al otro mundo.

El cuerpo es solo un recipiente para contener el alma. Por ello, el cadáver se incinera para facilitar la partida del alma. Las cenizas se vierten en los ríos sagrados para que así vuelvan a su creador.

El color de luto para los hinduistas es el blanco.

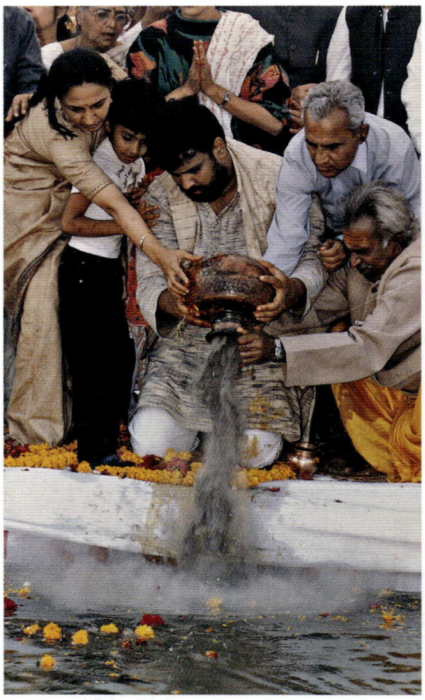

1. **¿Qué te ha llamado más la atención de las diferentes maneras de abordar la muerte?**
2. **¿Qué significado tiene la incineración del cuerpo para los hinduistas?**
3. **¿Cómo te gustaría ser recordado después de la muerte?**

La representación del Cielo

A lo largo de la historia, la Iglesia ha encargado a muchos artistas que representen en sus obras el misterio del Cielo y de la vida eterna, para así ayudarnos a entenderlo mejor.

En el siglo XVII, el pintor Lucas Jordán compuso esta bella imagen del Cielo en una bóveda del Monasterio de El Escorial, en Madrid.

4. **¿Qué elementos identificas en la fotografía? ¿Crees que el Cielo es realmente así?**

El último viaje

Peregrinar a La Meca al menos una vez en la vida, si la salud y el dinero lo permiten, es uno de los cinco deberes principales de los musulmanes.

Cada año, miles de ancianos se apresuran a realizar este viaje antes de que les llegue la hora de su muerte.

Peregrinos rezando en la mezquita de La Meca.

La memoria de los difuntos

Taj Mahal. Un emperador de la India ordenó construirlo en recuerdo de su difunta esposa.

En todas las culturas y civilizaciones se tiene el convencimiento de que la muerte no es el fin de las personas. Por ello, para mantener el recuerdo de los difuntos, a veces se construyen hermosos monumentos funerarios.

5. **¿Cómo recordamos los cristianos a los difuntos?**

Actividades finales

COMPROMISO

La Iglesia considera a los santos personas virtuosas que dedicaron su vida a hacer la voluntad de Dios, y nos anima a tenerlos como modelo para llegar a ser buenos cristianos.

El santo de la alegría

San Felipe Neri es el patrón de los artistas y educadores. Nació en Florencia en 1515 y, siendo muy joven, se trasladó a Roma. Allí, impresionado por la inmensa pobreza que encontró, comenzó a trabajar con las personas más humildes y con los enfermos. También dedicó gran parte de su tiempo a los jóvenes sin recursos.

Después de ser ordenado sacerdote, fundó el Oratorio, una institución dedicada a la educación de niños y jóvenes.

San Felipe era aficionado a la música y a la poesía, y siempre estaba alegre. Él solía decir: «Dios es bueno. ¿Cómo no va a alegrarse de que sus hijos nos riamos? La tristeza nos hace doblar el cuello y no nos permite mirar al cielo».

San Felipe Neri murió a los 80 años sin perder la sonrisa, fortalecido por su confianza en el Señor.

1. Reflexiona sobre este testimonio.

- ¿Qué nos enseña san Felipe Neri sobre la forma de vivir la vida? ¿Qué motivos tiene un cristiano para vivir con alegría?
- La enfermedad y la muerte son momentos muy duros; sin embargo, san Felipe los afrontó con alegría. ¿Qué razones le impulsaron a reaccionar así?

2. ¿Qué puedes hacer tú para alegrar a una persona que está triste?

- ¿Cómo te sientes cuando alegras o haces reír a alguien? ¿Por qué?

RINCÓN DE LOS DERECHOS HUMANOS

Artículo 12. Nadie será objeto de ataques a su honra y reputación.

3. ¿Qué son la honra y la reputación de una persona? Utiliza el diccionario y explica el significado de estas palabras.

4. ¿Cómo se puede atacar la honra de una persona? Pon algún ejemplo.

MIS CONCLUSIONES

5. **Cuando tomas una buena decisión y te esfuerzas por llevarla a cabo, ¿qué tipo de acto estás realizando? Elige y explica.**

☐ Un acto de imaginación. ☐ Un acto de voluntad. ☐ Un acto de fe.

6. **Elige tres virtudes que consideras importantes para ser un buen cristiano.**

justicia	valentía	honradez	bondad
compasión	esperanza	tolerancia	caridad

7. **Explica el significado de la palabra *Evangelio* en esta frase.**

Un buen cristiano es el que vive el Evangelio.

- ¿Qué otro significado tiene esta palabra?

8. **¿Cuál es el camino para alcanzar el reino de los Cielos?**

9. **Reflexiona sobre esta situación y expresa tu opinión.**

En el colegio se celebra anualmente un concurso de dibujo. Este año las finalistas han sido Beatriz y Olga. Los profesores que forman parte del jurado tienen un dilema: no saben por cuál de los dos dibujos decidirse. Olga es una gran dibujante. Ella ha ganado el premio otras veces y ha presentado un trabajo estupendo. El de Beatriz tal vez no sea tan bueno, pero todos saben cuánto se ha esforzado y el tiempo que le ha llevado realizar el dibujo.

PARA MI CARPETA. Balance final

Escribe unas líneas recordando los aspectos más interesantes de este curso.

Repasa tu cuaderno y los temas del libro. Puedes citar algunas de estas cosas:

- Algo que hayas descubierto.
- Cuestiones que quedaron sin resolver.
- La clase más divertida.
- Algo que te resultó difícil aprender.
- El relato de la Biblia que más te gustó.
- Un momento triste.

Taller de las fiestas

Celebramos las fiestas

Desde siempre, las fiestas han formado parte de la vida de las personas y de los pueblos, pues son el modo de celebrar junto a los demás los acontecimientos que nos causan alegría.

A través de los tiempos se han celebrado fiestas por motivos muy diferentes: tareas agrícolas, como la recogida de la cosecha; cambios en la naturaleza, como la llegada del verano; hechos personales, como los cumpleaños o aniversarios; sucesos políticos, como el fin de una guerra, o acontecimientos religiosos, como el bautismo.

Todas las fiestas son diferentes entre sí, pero en muchas de ellas encontramos algunos aspectos comunes:

- Nos reunimos con la familia y los amigos.
- Nos sentimos alegres.
- Tomamos una comida especial.
- Intercambiamos regalos.
- Nos vestimos de fiesta.
- Escuchamos música.

Fiesta patronal de Murcia.

Carnaval de Ginzo de Limia (Orense).

ACTIVIDADES

1. **Hay una gran diversidad de fiestas. Observa la tabla y añade un ejemplo más en cada caso. Después explica cómo se celebran algunas de estas fiestas.**

TIPOS DE FIESTAS		
Fiestas familiares Aniversario de boda Nacimiento ...	**Fiestas religiosas** Navidad Día de la Inmaculada ...	**Fiestas sociales** Fiesta de empresa Fiesta del colegio ...
Fiestas civiles Día de la Constitución Día de la Comunidad ...	**Fiestas populares** Carnaval Noche de san Juan ...	

- ¿Cuál es tu fiesta preferida? Comenta con tus compañeros.

Las fiestas religiosas

Las fiestas en la vida de los cristianos

El día festivo de los cristianos es el **domingo**, día en el que conmemoramos la resurrección de Jesús. En esta fiesta el acto principal es la **eucaristía**.

Además, a lo largo del año, la Iglesia, entre sus ritos y costumbres, incluye la celebración de numerosas fiestas que nos recuerdan los acontecimientos y personajes más importantes de la fe cristiana. Estas festividades son una ocasión para encontrarse de una forma especial con Dios y para estar más unido a los demás.

Domingo de Ramos. Procesión de palmas.

Entre las fiestas cristianas se encuentran:

- Las **fiestas del año litúrgico**, que aparecen recogidas en el **calendario litúrgico**. En estas celebraciones se reviven los misterios de la vida de Jesús y se nos invita a participar en ellos. La más importante es la Pascua de Resurrección.
- Las **fiestas sacramentales**, como el bautismo, celebran el encuentro con Jesús.
- Las **fiestas de María** y de los **santos** nos invitan a venerarlos y a seguir su ejemplo.

Las fiestas en otras religiones

En todas las religiones existen fiestas. Las más importantes son:

- **Fiestas del judaísmo**: el sábado como día semanal festivo; la Pascua, en recuerdo de la liberación del pueblo judío, y la fiesta del Yom Kippur o fiesta del perdón.
- **Fiestas del islam**: el viernes como día semanal festivo, el mes del Ramadán y la fiesta del sacrificio.

ACTIVIDADES

2. Infórmate y di qué fiestas cristianas se celebran en estas fechas.

19 de marzo	1 de noviembre	25 de diciembre	25 de julio
6 de enero	12 de octubre	15 de agosto	8 de diciembre

Las fiestas civiles

Fiestas nacionales y locales

En las fiestas civiles se conmemora algún acontecimiento histórico de tipo social o político, se recuerda a un personaje importante o bien se revive una tradición popular.

En estas fiestas se celebran actos institucionales, como desfiles o discursos, y también actos populares, como verbenas, cabalgatas, conciertos y bailes.

Todos los países celebran fiestas civiles, que se recogen en el **calendario oficial**. Cada Comunidad autónoma y cada localidad tienen también sus propias fiestas. En esos días festivos no se trabaja.

Celebración del Día de la Hispanidad.

Feria de Jerez de la Frontera (Cádiz).

- Las **fiestas nacionales** se celebran en todo el país. Entre ellas están el Día de la Constitución, el Día del trabajo y el Día de la Hispanidad.
- La **fiesta de la Comunidad** conmemora un hecho importante en la historia de cada Comunidad autónoma.
- Las **fiestas locales** se celebran en cada pueblo o ciudad. Entre ellas están las **fiestas patronales**, que se componen de actos civiles y actos religiosos.

ACTIVIDADES

3. **¿Qué tienen en común las fiestas religiosas y las fiestas civiles? Explica.**

4. **Consulta un calendario, infórmate y completa un cuadro como este, anotando los nombres de las fiestas y las fechas en que se celebran.**

Fiestas religiosas	Fiestas civiles		
	Nacionales	Autonómicas	Locales

5. **Habla sobre la fiesta de tu Comunidad y explica qué se conmemora ese día.**

6. **¿Quién es el patrón de tu localidad? ¿Qué actos religiosos se celebran en su fiesta?**

Preparamos un calendario de fiestas

Vamos a preparar un calendario de fiestas religiosas. Para ello, formad cuatro o cinco grupos en clase y decidid cómo os vais a repartir el trabajo entre los miembros de cada grupo.

Elaborar un calendario litúrgico

El ciclo litúrgico es el calendario religioso de la Iglesia. El año aparece dividido en los siguientes tiempos litúrgicos:

✓ Adviento ✓ Navidad ✓ Tiempo ordinario
✓ Cuaresma ✓ Semana Santa ✓ Pascua

- Dibujad en una cartulina un calendario litúrgico. Deben aparecer los doce meses del año y los tiempos litúrgicos.
- Coloread cada tiempo litúrgico del color que le corresponde, según la costumbre de la Iglesia.
- Debéis dejar una columna libre para incluir posteriormente las festividades.

Dibujar símbolos de los tiempos litúrgicos

En cada tiempo litúrgico se conmemora un acontecimiento relacionado con la vida de Jesucristo. Así, por ejemplo, en Adviento nos preparamos para la llegada de Jesús, cuyo nacimiento se celebrará en Navidad.

- Pensad qué se conmemora en cada tiempo litúrgico y qué elementos están relacionados con esa celebración.
- Realizad un pequeño dibujo que simbolice cada tiempo litúrgico, para decorar el calendario.

Incorporar las festividades religiosas

- Haced una relación de fiestas religiosas que se celebren de forma especial en vuestra localidad e investigad en qué fecha tienen lugar. Podéis hacerlo así:

Fiestas litúrgicas ______ Fiestas de la Virgen ______ Fiestas patronales ______

- Incorporad las festividades al calendario litúrgico que habéis preparado. Si queréis, podéis incluir también dibujos alusivos a algunas de esas fiestas.

Oraciones

Credo

Creo en Dios, Padre todopoderoso,
creador del cielo y de la Tierra.

Creo en Jesucristo, su único Hijo, nuestro Señor,
que fue concebido por obra y gracia del Espíritu Santo.
Nació de santa María Virgen,
padeció bajo el poder de Poncio Pilato,
fue crucificado, muerto y sepultado,
descendió a los infiernos,
y al tercer día resucitó de entre los muertos.
Subió a los Cielos
y está sentado a la derecha de Dios Padre
todopoderoso.
Desde allí ha de venir a juzgar a vivos y muertos.

Creo en el Espíritu Santo,
la santa Iglesia católica,
la comunión de los santos,
el perdón de los pecados,
la resurrección de la carne
y la vida eterna.

Amén.

Te saludo, María

Te saludo, María,
hija amada del Padre Eterno.

Te saludo, María,
madre admirable del Hijo.

Te saludo, María,
esposa fiel del Espíritu Santo.

Te saludo, María, mi alegría,
mi gloria, mi corazón y mi alma.

San Luis Grignon de Monfort

Bendíceme

Bendíceme,
Dios de bondad,
y bendice todo cuanto hoy
tome en mis manos.

Bendice mi trabajo,
para que, correctamente hecho,
se convierta también
en bendición para otros.

Bendice mis pensamientos,
para que piense bien de los demás.
Bendice mis palabras,
para que despierten vida en ellos.

Bendice mi vida,
para que con ella
haga realidad continuamente
la imagen única que Tú te has hecho de mí.

Bendíceme para que yo,
con todo cuanto soy,
pueda convertirme
en fuente de bendición para los demás.

Bendice a todas las personas
que llevo en mi corazón,
Dios bueno y misericordioso,
Padre, Hijo y Espíritu Santo.

Amén.

Anselm Grün

Tiempo de lectura

Personajes de la Biblia
y de la historia de la Iglesia

Esaú y Jacob Dos hermanos enfrentados

Esta es la historia de Jacob, un nieto de Abrahán. Jacob, que después fue llamado Israel, es el padre de las doce tribus de Israel. En este relato vemos cómo las personas no siempre actúan según su conciencia.

Hacía varios años que Isaac y Rebeca se habían casado, pero no tenían hijos. Por fin, tras muchas oraciones al Señor, Rebeca se quedó embarazada.

Cuando llegó el momento del parto, resultó que se trataba de gemelos. Nació primero un niño rubio y velludo, y lo llamaron Esaú. Después nació su hermano, un bebé moreno, y le pusieron por nombre Jacob.

Los chicos crecieron y Esaú se convirtió en un hábil cazador. A Jacob, en cambio, le gustaba permanecer junto a las tiendas donde vivían. Isaac prefería a su hijo Esaú porque le traía caza, pero Rebeca prefería a Jacob.

Un día que Esaú regresó del campo cansado y hambriento, vio que su hermano había preparado un guiso de lentejas. Esaú quiso comérselo, pero Jacob le dijo:

–Te lo cambio por tus derechos como hijo mayor.

Esaú aceptó y perdió así sus derechos de primogenitura.

Pasó el tiempo e Isaac se quedó ciego. Una mañana, le pidió a Esaú que saliera a cazar y le preparara una comida especial, porque quería bendecirlo antes de morir. Rebeca llamó entonces a Jacob, su hijo predilecto, y le dijo:

–Guisaré dos cabritos para que seas tú el que se los lleves a tu padre. De ese modo, él te bendecirá a ti.

–Pero Esaú es peludo y yo no. Padre notará la diferencia y me maldecirá por engañarlo –respondió Jacob.

Rebeca guisó los cabritos, cubrió las manos de Jacob con la piel de los animales para que pareciera velludo, lo vistió con ropa de Esaú y lo envió ante su padre.

–¿Quién eres? –preguntó Isaac–. Tu voz es la de Jacob. Pero hueles a Esaú y tus manos son velludas.

–Soy tu hijo Esaú –respondió Jacob–. Toma tu comida.

Entonces Isaac lo besó y lo bendijo.

Poco después llegó Esaú. Cuando se enteró de lo ocurrido, quiso matar a su hermano. Para evitarlo, sus padres enviaron a Jacob a Jarán, a la casa de su abuelo.

Durante el viaje, Jacob tuvo un sueño. Vio una especie de escalera llena de ángeles que subía al cielo. Desde lo más alto, el Señor se dirigió a él y le dijo:

–Yo os daré a ti y a tu descendencia esta tierra.

Jacob se instaló en Jarán y tuvo doce hijos varones y una niña. Al cabo del tiempo, regresó con su familia a Israel y se alegró al comprobar que su hermano Esaú lo había perdonado.

Basado en Génesis 25 a 33

CURIOSIDADES

EL DERECHO DE PRIMOGENITURA
En tiempos de Abrahán y sus descendientes, el mayor de los hijos varones heredaba dos partes de los bienes familiares y el rango de su padre, si este era sacerdote o jefe de una tribu. El derecho de primogenitura podía venderse a un hermano menor y, en caso de mal comportamiento, se perdía.

BETEL
En su viaje a Jarán, cuando Jacob despertó de su sueño, cogió la piedra sobre la que había estado recostado y la bendijo, derramando aceite sobre ella. Jacob llamó a aquel lugar Betel, que significa «casa de Dios».

EL NOMBRE DE JACOB
En su viaje de vuelta a Canaán, un ángel del Señor se le apareció a Jacob y le dijo que a partir de aquel momento él se llamaría Israel.

LAS DOCE TRIBUS DE ISRAEL
Los doce hijos varones de Jacob fueron los patriarcas de las doce tribus de Israel, que se repartieron la Tierra Prometida y se asentaron en ella.

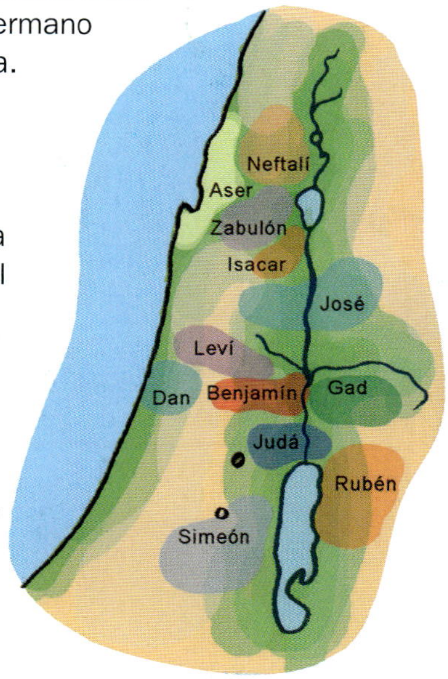

COMPRENDO LA LECTURA

1. **Analiza el comportamiento de cada personaje. ¿Crees que actuaron según su conciencia?**
2. **¿Qué opinas acerca de que Esaú vendiera su primogenitura por un plato de lentejas?**
3. **¿Crees que Dios confía finalmente en Jacob, pese a que engañó a su padre?**

La Pascua judía Un mandato de Dios

En la fiesta de la Pascua se conmemora que el pueblo judío, con ayuda de Dios, salió de la esclavitud de Egipto y llegó a la Tierra Prometida, donde fue libre. Durante la cena de celebración de la Pascua, Jesús instituyó el sacramento de la eucaristía.

Tal como el Señor les dijo a Moisés y a Aarón, cada primavera, el día catorce del mes de nisán, los judíos celebraban la fiesta de la Pascua.

Cada familia buscaba un cordero macho, de un año de edad, que no tuviera defectos. El animal era sacrificado al atardecer y su sangre se recogía en una vasija.

Con la sangre del cordero y un ramito de hisopo se marcaba el dintel de la puerta de la casa. Después de hacer esto, nadie podía salir al exterior hasta el día siguiente. Con este acto, se recordaba el mandato que Dios le dio a Moisés, para impedir que el ángel exterminador entrase en las casas judías cuando viniese a castigar a los egipcios.

En la cena pascual se tomaba el cordero asado, condimentado con hierbas aromáticas. Este plato se acompañaba de pan ácimo y vino. Como no debía sobrar carne, si la familia era demasiado pequeña se solía invitar a cenar a los vecinos. Si aún así quedaban restos, estos se echaban al fuego.

Para cenar, los judíos se ceñían la cintura y tenían los pies calzados, estando así dispuestos para poder partir a toda prisa. El cabeza de familia a veces comía de pie y con el cayado en la mano.

En el transcurso de la cena era costumbre cantar salmos y los padres contaban a sus hijos la historia de la liberación del pueblo de Israel, del paso de la esclavitud en Egipto a la libertad en la Tierra Prometida.

De la celebración de la Pascua quedaban excluidos los esclavos, los criados y los jornaleros. Tampoco los extranjeros podían participar en la cena pascual.

Durante siete días, desde la tarde del día de la Pascua hasta la tarde del 21 del mes de nisán, los judíos solo podían comer con pan ácimo y no debían utilizar levadura para preparar los alimentos.

Esa semana recibía el nombre de fiesta de los panes sin levadura. En este tiempo, los judíos no podían trabajar. La única actividad permitida era la preparación de la comida. En los días primero y último de esa semana, tenía lugar una celebración litúrgica.

Basado en Éxodo 12

CURIOSIDADES

LA PASCUA EN JERUSALÉN
La Pascua judía se celebraba de manera especial en Jerusalén, donde acudían los judíos más piadosos para visitar el Templo de Salomón y celebrar la cena pascual.

LA INFLUENCIA ROMANA
En la época de Jesús, en la fiesta de la Pascua se introdujeron algunas costumbres romanas. La cena se celebraba en el salón más lujoso de la casa, con la mejor vajilla y con divanes sobre los que se recostaban los comensales.

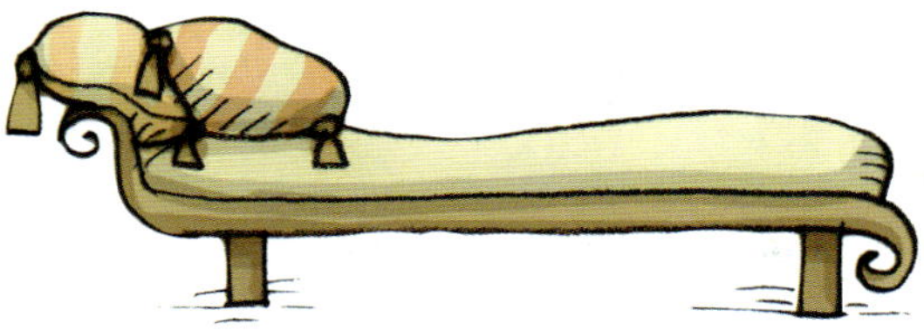

EL PAN ÁCIMO
Se elaboraba sin levadura, con una mezcla de harina de cereales sin refinar y agua. A esta masa se le daba forma antes de hornearla. Si no se disponía de horno, se cocinaba sobre piedras o cenizas calientes.

EL CALENDARIO Y LAS FIESTAS JUDÍAS
El año comenzaba a principios de octubre y tenía doce meses. Las fiestas coincidían con el ciclo agrario. Eran especialmente importantes el mes de nisán, en el que tenían lugar la Pascua y la fiesta de las Primicias, y el mes de tisrí, en el que se celebraba el año nuevo y las fiestas de la Expiación y los Tabernáculos.

COMPRENDO LA LECTURA

1. **¿Cuál es el significado de la Pascua judía? ¿Qué se conmemora?**

2. **Cita los elementos presentes en la celebración de la Pascua judía.**

3. **¿Por qué acudió Jesús a Jerusalén con sus discípulos?**

Rut Una mujer fiel

La historia de Rut está narrada en el Antiguo Testamento, en un libro que lleva su nombre. Rut es un ejemplo de fidelidad para los cristianos.

Durante el tiempo en que Israel fue gobernado por los jueces, hubo una larga época de hambre. Un hombre llamado Elimélec emigró con su mujer, Noemí, y sus dos hijos desde Belén hasta Moab, una región extranjera. Los hijos se casaron con dos jóvenes de aquel lugar, llamadas Orfa y Rut.

Con el tiempo, Noemí perdió a su esposo y a sus hijos, y se quedó sola con sus dos nueras.

Noemí sentía añoranza de su tierra y decidió volver a Israel. Entonces reunió a sus nueras y les dijo:

–Yo voy a regresar a mi país. Debéis volver con vuestras familias y rehacer vuestras vidas.

Orfa besó a su suegra y se marchó, pero Rut se abrazó a ella y no quiso abandonarla. Noemí le insistió para que se marchara, pero ella contestó:

–Yo no te dejaré sola. A partir de ahora, tu pueblo será mi pueblo y tu Dios será mi Dios.

Juntas hicieron el camino desde Moab hasta Belén.

Cuando llegaron a Belén era el tiempo de la siega. Rut se fue al campo para recoger las espigas que dejaban caer los segadores. Aquel terreno pertenecía a Booz, un hombre rico que estaba emparentado con el difunto marido de Noemí.

Booz se enteró de quién era aquella joven y para facilitar su tarea ordenó a sus segadores que dejaran abundantes espigas para la muchacha. Así, todos los días, Rut podía alimentar a Noemí con la cebada que recogía.

–¿Por qué sois tan generoso conmigo siendo yo extranjera? –le preguntó un día Rut a Booz.

–Has demostrado tener un buen corazón y no has abandonado a Noemí. Que el Señor te recompense por ello.

Pasado el tiempo, Noemí le dijo a Rut:

–Hija, he pensado en tu felicidad. Quiero que hables con Booz porque, según nuestras costumbres, al ser él pariente de mi marido debe casarse contigo para asegurar la descendencia de nuestra familia.

Rut así lo hizo y Booz, complacido, la tomó por esposa. De la unión entre Rut y Booz, nació un hijo llamado Obed, que fue abuelo del rey David.

Basado en Rut 1 a 4

CURIOSIDADES

LA SIEGA

La siega se realizaba a mano con una herramienta llamada hoz. Después se trillaba el cereal, es decir, se separaban los granos de las espigas. Por último, el cereal desgranado se lanzaba al aire, para que el grano cayera al suelo mientras que la cáscara era arrastrada por el viento.

LOS JUECES

Unos 1.200 años antes de Cristo, los jueces eran los encargados de gobernar a las tribus de Israel y de librarlas de sus enemigos. En el libro de los Jueces, en el Antiguo Testamento, se cuentan las hazañas guerreras de jueces como Gedeón, Sansón o Samuel.

EL REY DAVID

Fue biznieto de Rut y Booz. Gobernó sobre todas las tribus de Israel reunidas en un solo reino. David convirtió Jerusalén en la capital religiosa de Israel y mandó llevar allí el arca de la alianza.

Fue un rey justo, antepasado de Jesús de Nazaret.

COMPRENDO LA LECTURA

1. **¿Qué opinas de la actuación de Rut con Noemí? ¿Conoces a alguien que se haya comportado de forma parecida con otra persona?**
2. **¿Por qué quiere Noemí que Rut vuelva a contraer matrimonio?**

Jesús y las mujeres

En los Evangelios aparecen distintas mujeres que son protagonistas de algunos episodios de la vida de Jesús. En ellos vemos cómo Jesús defendió siempre la dignidad de la mujer.

Las mujeres que iban con Jesús

Jesús anunciaba el reino de Dios. Iban con Él los doce y algunas mujeres que había liberado de malos espíritus y curado de enfermedades: María Magdalena, de la que Jesús había expulsado siete demonios; Juana, mujer del administrador de Herodes, y otras muchas que pusieron sus bienes a disposición de Jesús.

Lc 8, 1-2

La samaritana

Durante un viaje, Jesús, fatigado, se sentó junto a un pozo mientras los discípulos iban a comprar alimentos. Una mujer samaritana sacaba agua del pozo. Jesús le pidió agua y comenzó a hablar con ella.

–Todo el que beba del agua que yo quiero darle no volverá a tener sed, porque en su interior brotará un manantial del que surge la vida eterna –le dijo Jesús.

–Señor, dame de esa agua –respondió ella.

Cuando los discípulos regresaron, se extrañaron al ver a Jesús hablando con una samaritana, ya que en aquel tiempo los judíos y los samaritanos no se trataban.

Jn 4, 6-28

La hija de Jairo

Un jefe de la sinagoga, llamado Jairo, le pidió a Jesús que fuese a curar a su hija que estaba enferma. Por el camino se enteraron de que la niña había muerto.

–No temas; ten fe –le dijo Jesús a Jairo.

Al llegar a la casa, Jesús entró en la habitación donde estaba la niña, la tomó de la mano y le dijo:

–Niña, a ti te hablo, levántate.

La niña se levantó y echó a andar. Los padres se quedaron atónitos y Jesús les pidió que nadie se enterase de aquello.

Mc 5, 21–43

La mujer de Betania

En Betania, una mujer se acercó a Jesús con un frasco de perfume y lo derramó sobre su cabeza. Al ver esto, los discípulos se indignaron y dijeron:

–¡Qué despilfarro! El perfume se podría haber vendido y haberle dado el dinero a los pobres.

Jesús les respondió:

–¿Por qué molestáis a esta mujer? Ha hecho una buena obra conmigo. A los pobres los tenéis siempre con vosotros, pero a mí no me tendréis siempre. Al derramar este perfume sobre mi cuerpo, ella se ha anticipado a preparar mi sepultura. Os aseguro que esta mujer será recordada por lo que ha hecho.

Mt 26, 6–13

CURIOSIDADES

JUDÍOS Y SAMARITANOS
Los judíos consideraban que los habitantes de Samaria eran impuros, porque su sangre judía estaba mezclada con sangre extranjera y adoraban además a otros dioses.

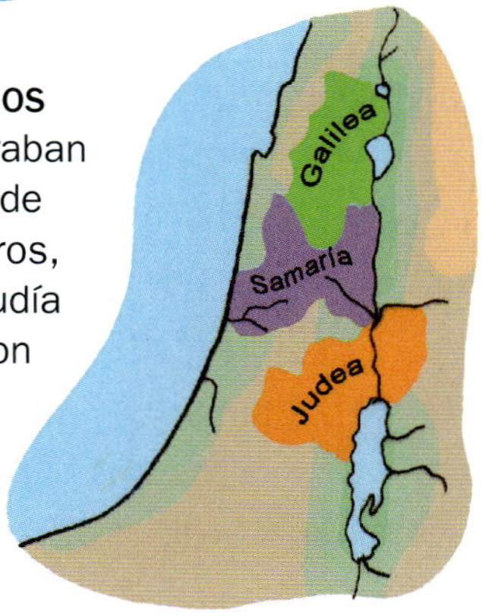

LA IMPORTANCIA DE LA MUJER JUDÍA
Aunque no podía participar públicamente en actos religiosos, la mujer era la encargada de transmitir la religión dentro de la familia. Solo se consideraba judío a aquel que había nacido de una madre judía.

LOS PRIMEROS TESTIGOS DE LA RESURRECCIÓN
Jesús eligió a tres mujeres (María Magdalena, María la de Santiago y Salomé) para que fueran las primeras testigos y mensajeras de su resurrección.

COMPRENDO LA LECTURA

1. **¿Qué comportamiento tuvo Jesús con las mujeres?**
2. **¿Conoces a otras mujeres del Evangelio? Cuenta algo de ellas.**
3. **Lee en tu Biblia el pasaje completo de la samaritana y explica su cambio de actitud.**

San Esteban Primer mártir de la Iglesia

San Esteban está considerado el primer mártir de la Iglesia, porque fue la primera persona que derramó su sangre por proclamar su fe en Jesucristo.

Esteban era un joven de origen judío. Por su fe y por su prudencia, los apóstoles lo eligieron, junto a otros seis muchachos, para que fuese su diácono o ayudante. Su misión era administrar los bienes de la comunidad y repartir alimentos entre los pobres.

Esteban realizó muy bien su trabajo. En una ocasión, incluso resolvió las protestas de un grupo de griegos que se quejaban de que, en las obras de caridad, sus viudas se veían desfavorecidas frente a los pobres de Israel.

Durante toda su vida, Esteban nunca renunció a predicar la buena noticia. Gracias a él, numerosos judíos, incluidos algunos sacerdotes, se convirtieron a la fe cristiana.

Debido a ello, los jefes de varias sinagogas se enfrentaron con Esteban y mantuvieron grandes discusiones con él. Sin embargo, como no consiguieron que dejara de predicar, finalmente decidieron llevarlo ante el tribunal del Sanedrín y lo acusaron falsamente de blasfemar contra Moisés y contra Dios.

Sus acusadores afirmaron ante el Sanedrín que Esteban pretendía destruir el Templo de Salomón y acabar con las leyes judías, puesto que Jesús de Nazaret las había sustituido por otras.

Los ancianos del tribunal interrogaron a Esteban y comprobaron sorprendidos que su rostro brillaba como el de un ángel. Esteban les explicó que él no había blasfemado y pronunció un bello discurso recordando la historia del pueblo de Israel y acusando a los judíos de la muerte de Jesús de Nazaret.

Al oír las palabras de Esteban, los judíos que estaban allí se consumían de rabia y comenzaron a insultarlo. Pero Esteban, lleno del Espíritu Santo, miró fijamente al cielo y dijo:

–Veo el cielo abierto y al Hijo del hombre a la derecha de Dios.

Entonces, un grupo de personas se precipitó sobre él y lo sacó fuera de la ciudad. Le quitaron la ropa y la dejaron a los pies de un joven llamado Saulo. Después empezaron a apedrearlo. Mientras lo lapidaban, Esteban oraba así:

–Señor Jesús, recibe mi espíritu en tu gloria y no les tengas en cuenta este pecado.

Y diciendo esto, expiró.

Basado en Hechos
de los Apóstoles 6 y 7

CURIOSIDADES

EL NOMBRE DE ESTEBAN
Proviene del griego *Stephanos*, que significa «corona».

LA PRESENCIA DE SAN PABLO EN EL MARTIRIO
El joven Saulo, que presenció y aprobó la lapidación de san Esteban, posteriormente se convirtió al cristianismo y hoy es conocido como san Pablo.

LOS RESTOS DEL SANTO
Los restos de san Esteban fueron encontrados en Palestina en el año 415. Las reliquias se distribuyeron por todo el mundo y rápidamente se propagó el culto al santo.

EL SANEDRÍN
El Sanedrín era el tribunal más importante de los judíos. Su misión era administrar la justicia aplicando las leyes de la Torá, y representar al pueblo judío ante las autoridades romanas.

COMPRENDO LA LECTURA

1. **¿Qué trabajo desempeñaban Esteban y los demás diáconos?**
2. **¿Por qué fue condenado a muerte san Esteban?**
3. **¿Qué te parece la actitud de Saulo? ¿Se comportó igual durante toda su vida?**

Miguel Ángel El artista de Dios

Miguel Ángel Buonarotti está considerado como uno de los mejores artistas de la historia. Fue pintor, escultor y arquitecto, además de un hombre de profunda fe.

Miguel Ángel nació en Italia en 1475, y pasó su juventud en la ciudad de Florencia.

Desde niño, mostró dotes para la pintura y la escultura y, con tan solo 13 años, comenzó a trabajar como aprendiz en el taller de un afamado pintor llamado Ghirlandaio. Allí realizó dibujos que imitaban las obras de los antiguos maestros. En esa época entró en contacto con Lorenzo de Médicis, también conocido como Lorenzo el Magnífico, quien lo acogió en su casa y fue su mecenas durante largo tiempo.

Miguel Ángel vivió una gran parte de su vida en Roma. En esta ciudad estudió el arte de la Antigüedad clásica, que le impresionó profundamente y le sirvió de modelo e inspiración.

Con 25 años, Miguel Ángel esculpió *La Piedad*, una de sus obras maestras y la única que está firmada por él. El artista nunca volvió a firmar ninguna de sus obras, porque consideraba que Dios le había dado los dones y cualidades necesarias para realizarlas y, por tanto, era el verdadero autor de ellas.

Tiempo después, el artista recibió el encargo de esculpir una figura monumental para la plaza principal de Florencia.

Miguel Ángel se trasladó a una cantera cercana y, durante varias semanas, buscó un bloque de mármol adecuado para realizar la obra que tenía en su cabeza. Él decía que la figura estaba oculta en el interior del bloque y que su trabajo consistía tan solo en encontrarlo y quitar todo lo que sobraba. Finalmente, Miguel Ángel realizó una grandiosa escultura del rey David, que tenía más de cuatro metros de altura.

Miguel Ángel recibió numerosos encargos del papa Julio II. El culmen de todos ellos fue la decoración de la bóveda de la Capilla Sixtina. Cuatro años tardó el artista en realizar esta genial obra, basada en los relatos del Génesis. Miguel Ángel trabajó en unas condiciones muy difíciles: tumbado en un andamio a varios metros de altura y con la pintura goteándole en la cara.

Miguel Ángel murió en 1564, a los 89 años, dejando «su alma en manos de Dios, su cuerpo a la tierra y sus bienes a sus parientes más próximos».

CURIOSIDADES

EL RENACIMIENTO

Este estilo artístico, inspirado en el arte de los antiguos griegos y romanos, surgió en Italia en el siglo XIV y desde allí se extendió por toda Europa. Miguel Ángel y Leonardo da Vinci fueron los grandes artistas del Renacimiento.

LOS MECENAS

Durante el Renacimiento, algunas familias ricas y poderosas pagaban y acogían a los artistas para que estos pudiesen realizar sus obras. Los Médicis fueron una importante familia florentina de mecenas.

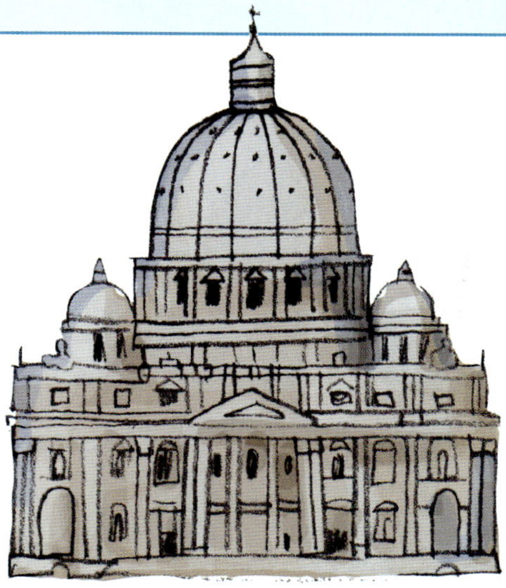

LA CAPILLA SIXTINA

Esta capilla del Vaticano, además de poseer un enorme valor artístico, tiene gran importancia para la historia de la Iglesia, pues en ella se reúnen los cardenales para elegir al Papa.

COMPRENDO LA LECTURA

1. **¿Qué te ha llamado más la atención de la biografía de Miguel Ángel?**
2. **¿En qué aspectos de la vida del artista ves reflejada su fe en Dios?**
3. **¿Conoces alguna otra obra de Miguel Ángel?**

Ignacio de Loyola Seguidor de Jesús

En una época en la que los nobles y los soldados eran admirados, uno de ellos, Ignacio de Loyola, lo abandonó todo para seguir el modelo de vida propuesto por Jesús.

En la época en que el emperador Carlos I dominaba Europa, surgió en España un espíritu luchador que se distinguió por su entrega a imitación de Jesús. Era Ignacio de Loyola.

Ignacio nació en 1491 en el castillo de Loyola, en Guipúzcoa, y allí fue educado en un ambiente militar. Muy joven, rebosante de valentía y generosidad, se enroló en el ejército y participó en numerosas batallas en defensa de su tierra.

Tenía Ignacio 30 años cuando un cañonazo, que recibió en el asedio francés a Pamplona, cambió radicalmente su vida. Aquel impacto le produjo graves heridas en una pierna y lo obligó a retirarse al castillo familiar para recibir cuidados médicos.

Mientras se recuperaba de sus heridas y de varias operaciones posteriores, Ignacio pidió que le trajesen novelas de caballerías, que le ayudaran a mantener vivo su inquieto espíritu de soldado. Pero en el castillo de Loyola solo había libros piadosos sobre la vida de Cristo y de algunos santos.

Sin apenas darse cuenta, Ignacio se fue entusiasmando con estas lecturas y tomó la decisión de dejar las armas para seguir a Jesús.

Ignacio se comprometió a cambiar de vida y, para ello, eligió un camino muy duro, alejado de la vida alegre y despreocupada de los soldados. Comenzó retirándose durante varios meses a una cueva para meditar sobre el sentido de su vida; después, peregrinó a Tierra Santa para conocer los lugares donde vivió Jesús y, finalmente, se trasladó a París para estudiar latín y hacerse sacerdote.

Tras su retiro en la cueva, Ignacio escribió su obra más destacada: los *Ejercicios espirituales*.

En París, Ignacio se rodeó de un grupo de amigos, tan fervorosos y generosos como él, y con ellos comenzó la etapa más extraordinaria de su vida. Juntos fundaron la Compañía de Jesús y se dedicaron a defender la unidad de la Iglesia y a atender las necesidades materiales y espirituales que en aquel tiempo existían.

Ignacio se instaló en Roma y desde allí dirigió la Compañía: fundó escuelas, atendió a los huérfanos, inició las catequesis, protegió a las mujeres rechazadas, promocionó misiones en tierras lejanas... Por todo ello fue perseguido y también admirado.

Ignacio de Loyola murió en Roma en 1556. A su muerte, la Compañía de Jesús contaba con miles de miembros repartidos por todo el mundo.

CURIOSIDADES

LOS LIBROS DE CABALLERÍAS
Los libros de caballerías describen las aventuras de un caballero andante, un héroe solitario que arriesga su vida para luchar por una causa que él cree justa. Estas novelas comenzaron a escribirse en el siglo XII y tuvieron un gran auge en España, Francia e Italia.

LA FESTIVIDAD DE SAN IGNACIO
San Ignacio de Loyola fue declarado santo en el año 1622. Su festividad se celebra el día 31 de julio. Su sepulcro se encuentra en Roma, en la iglesia del Gesù.

EL LEMA DEL SANTO

Para mayor gloria de Dios

LOS EJERCICIOS ESPIRITUALES
Se trata de un conjunto de meditaciones y oraciones que hay que realizar cada día durante un periodo de tiempo. Son ejercicios para el alma, que ayudan a escuchar a Dios y a descubrir qué quiere de cada uno de nosotros.

COMPRENDO LA LECTURA

1. ¿Qué te ha llamado más la atención de la vida de san Ignacio?
2. ¿Has hecho alguna vez ejercicios espirituales? ¿Te gustaría hacerlos?

Teresa de Calcuta Madre de los pobres

Teresa de Calcuta entregó por completo su vida al servicio de los más necesitados, y constituye un ejemplo para todos los miembros de la Iglesia.

Teresa de Calcuta nació en 1910 en la actual República de Macedonia y recibió el nombre de Gonxha Agnes. Su padre murió cuando ella solo tenía 8 años y el ejemplo de su madre, que sacó adelante a sus hijos con dedicación, amor y firmeza, influyó mucho en su carácter y en su futura vocación religiosa.

Con 18 años, Gonxha dejó su casa, animada por el deseo de hacerse misionera, e ingresó en las Hermanas de Loreto. Allí recibió el nombre de hermana María Teresa.

Poco después viajó a Calcuta, en la India, y comenzó a enseñar en una escuela, donde empezaron a llamarla madre Teresa. En aquella época se convirtió, como ella misma dijo, en «esposa de Jesús para toda la eternidad».

La vida y el trabajo de madre Teresa fueron testimonio de la alegría de amar y del respeto a la grandeza y dignidad de todas las personas. Ella compartió su vida en las calles de Calcuta con los más pobres, los enfermos y los hambrientos.

La labor y el ejemplo de Teresa de Calcuta la rodeó de personas que estaban dispuestas a ayudarla. En 1946, madre Teresa decidió fundar una congregación religiosa, llamada Misioneras de la Caridad, dedicada al servicio de los más pobres entre los pobres de la Tierra.

Con el tiempo, y para responder mejor a las necesidades de los marginados, madre Teresa fundó otras congregaciones y asociaciones, donde personas de distintos países y creencias religiosas trabajaban con ella para paliar las miserias.

En 1979, Teresa de Calcuta recibió el Premio Nobel de la Paz, que ella aceptó «para gloria de Dios y en nombre de los pobres».

Durante los últimos años de su vida, a pesar de sus graves problemas de salud, madre Teresa continuó trabajando por los más necesitados y por la Iglesia. En 1997, cuando las Misioneras de la Caridad se habían establecido ya en 123 países, la vida terrena de Teresa de Calcuta llegó a su fin. El Gobierno de la India celebró en su honor un funeral de Estado y muy pronto su tumba se convirtió en un lugar de peregrinación y oración.

CURIOSIDADES

EL PREMIO NOBEL DE LA PAZ
Es uno de los cinco Premios Nobel instituidos por el inventor sueco Alfred Nobel. Desde su creación, en el año 1901, ha sido otorgado a 95 personas y a 20 organizaciones (UNICEF, Cruz Roja...) que han destacado por su trabajo en pro de la paz mundial.

CIUDADANÍA INDIA
Pese a haber nacido en Europa y llevar en sus venas sangre albanesa, Teresa de Calcuta siempre se consideró a sí misma como una ciudadana india.

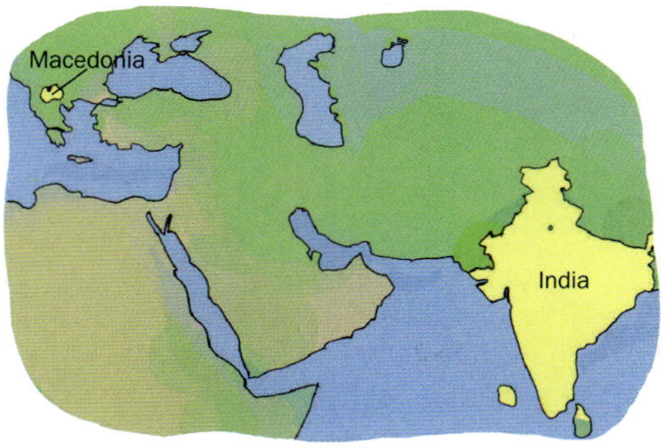

LOS MARGINADOS SOCIALES
Teresa de Calcuta se ocupó sobre todo de los marginados de la sociedad. Cuidó a los leprosos, una enfermedad muy contagiosa, y a las personas que padecían sida.

LA BEATIFICACIÓN
En el año 2003, el papa Juan Pablo II beatificó a la madre Teresa, como primer paso para llegar a la santidad.

COMPRENDO LA LECTURA

1. **Explica qué quiso decir la madre Teresa con estas palabras: «Me convierto en esposa de Jesús para toda la eternidad».**
2. **¿Cómo mostró la madre Teresa su respeto por la dignidad de las personas?**
3. **¿Qué actuaciones la hicieron merecedora del Premio Nobel de la Paz?**

Juan Pablo II Un ejemplo de voluntad

El papa Juan Pablo II, pese a su avanzada edad y a su delicado estado de salud, puso todo su empeño hasta el final de sus días en viajar por el mundo para difundir la Palabra de Dios.

Karol Wojtyla nació en Wadowice, una pequeña ciudad de Polonia, en mayo de 1920. Desde pequeño destacó por ser un buen estudiante y un gran deportista. Siendo él muy joven, murieron sus padres y sus dos hermanos.

En 1939, el ejército nazi invadió Polonia. Karol tuvo que abandonar entonces sus estudios universitarios y comenzó a trabajar en una cantera. Poco después, sintió el deseo de ser sacerdote y se matriculó en el seminario clandestino de Cracovia. En esta época también formó parte de un grupo de teatro, una de sus pasiones juveniles.

Cuando terminó sus estudios de Teología, Karol fue ordenado sacerdote. Inmediatamente comenzó a trabajar en diversas parroquias de Cracovia, al mismo tiempo que impartía clases en la Universidad y en el seminario. Karol aprovechaba su tiempo libre para practicar montañismo y jugar al ajedrez, otras de sus grandes aficiones.

En 1958 fue nombrado obispo por Pío XII y, en 1967, el papa Pablo VI lo nombró cardenal.

Tras la muerte de Juan Pablo I, en 1978, los cardenales lo eligieron Papa. Karol Wojtyla tomó el nombre de Juan Pablo II y se convirtió así en el sucesor 263 del apóstol Pedro.

Durante su papado, promovió el diálogo con los judíos y con los representantes de otras religiones, convocándolos en varias ocasiones a encuentros de oración por la paz.

Además, su amor a los jóvenes lo impulsó a crear las Jornadas Mundiales de la Juventud, en las que se reúnen millones de jóvenes de todos los países.

En 1981, el Papa recibió un balazo en el vientre de manos de un joven turco, a quien años después visitó en la cárcel y perdonó.

Juan Pablo II dedicó toda su energía a llevar el mensaje de Cristo por el mundo y a ejercer la caridad. Realizó 104 viajes fuera de Italia y 146 por el interior de este país.

Su pontificado duró casi 27 años y ha sido uno de los más largos de la historia de la Iglesia.

CURIOSIDADES

ALÍ AGCA

Con 23 años, el turco Alí Agca atentó contra la vida de Juan Pablo II en la plaza de San Pedro, en Roma. Pese a ser de religión musulmana, Alí Agca se convirtió después al catolicismo y pidió incluso asistir al funeral del Papa contra el que había atentado.

EL CÓNCLAVE CARDENALICIO

La palabra *cónclave* procede del latín *cum llave*, que significa «bajo llave». Se llama así a la reunión de los cardenales para elegir a un nuevo Papa, ya que, durante el tiempo que dura la elección, los cardenales permanecen en la Capilla Sixtina aislados del exterior.

UN ACTO DE HUMILDAD

En el año 2000, Juan Pablo II pidió perdón por las faltas humanas cometidas por la Iglesia. Hizo referencia a las Cruzadas, a la Inquisición, y a la discriminación hacia las mujeres y otros pueblos.

LA FUMATA BLANCA

Cuando el cónclave acuerda quién será el nuevo Papa, se enciende una fogata que arroja un humo blanco por una chimenea del Vaticano.

COMPRENDO LA LECTURA

1. **Cita tres rasgos que caracterizan al papa Juan Pablo II.**
2. **¿Piensas que Juan Pablo II fue una persona voluntariosa? ¿Por qué?**
3. **¿Por qué crees que Alí Agca se convirtió al catolicismo?**

Dirección de arte: José Crespo
Proyecto gráfico
Portada: Carrió/Sánchez/Lacasta
Interiores: Paco Sánchez
Ilustración de portada: Esperanza Martínez
Jefa de proyecto: Rosa Marín
Coordinación de ilustración: Raquel Carrasco
Desarrollo gráfico: José Luis García y Raúl de Andrés

Dirección técnica: Ángel García Encinar
Coordinación técnica: José Luis Verdasco
Confección y montaje: Mercedes Barba y Raquel Carrasco
Corrección: Vicente Camacho y Maribel Saldaña
Documentación y selección fotográfica: Mercedes Barcenilla

Fotografía: A. R. Pérez; F. Valle; G. M. Azumendi; GARCÍA-PELAYO/Juancho; J. C. Muñoz; J. Gual; J. Jaime; J. Lucas; J. M.ª Escudero; J. Navarro; J. V. Resino; Larrión-Pimoulier; Michele di Piccione; N. del Peso; ORONOZ; Prats i Camps; S. Cid; A. G. E. FOTOSTOCK/Science Photo Library, Juan José Pascual, Dennis MacDonald, John Birdsall, J. D. Dallet, 3LH-Fine Art, SuperStock, Rick Gómez, Biophoto Associates, Kord.com, SPL; ALBUM/akg-images/Electa, Erich Lessing, akg-images, WALT DISNEY PICTURES; COMSTOCK; CONTACTO; CONTIFOTO/CORBIS SYGMA/Gianni Giansanti, Baldev; CORDON PRESS/Warner Brothers/ courtesy Everett Collection, Columbia/courtesy Everett Collection, Andrew Brookes, REUTERS; COVER/Alison Wright/Robert Harding, Heidorn/Laif, Oronoz; EFE/Prensa Libre/Linares/Jiménez, Mohamed Messara; EFE/SIPA-PRESS/DIMOTIA PICTURE AGENCY; EUROPA PRESS REPORTAJES; GETTY IMAGES SALES SPAIN/ DEA PICTURE LIBRARY, Michael Blann; HIGHRES PRESS STOCK/AbleStock.com; I. Preysler; INDEX/The Bridgeman Art Library/Christie's Images, The Bridgeman Art Library; MARGEN FOTOGRAFÍA/T. Arias; MUSEUM ICONOGRAFÍA/The Bridgeman Art Library, J. Martin; SCALA GROUP/1990. Photo Scala, Florence; SEIS X SEIS; SPAIN PHOTO STOCK; ALBRIGHT-KNOX ART GALLERY, BUFFALO; Archivo Cruz Roja; Congregación de los Sagrados Corazones, Sevilla; Ediciones Grazalema, S. L.; MUSEO ARQUEOLÓGICO NACIONAL, MADRID/Archivo Fotográfico. Museo Arqueológico Nacional; MUSEO ARQUEOLÓGICO, ATENAS; MUSEO ARQUEOLÓGICO, ESTAMBUL; ARCHIVO SANTILLANA

Torrelaguna, 60. 28043 Madrid
PRINTED IN CHINA

ISBN: 978-84-294-8383-3
CP: 128228